DISCLAIMER

The author and publisher are providing this book and its contents on an "as is" basis and make no representations or warranties of any kind with respect to this book or its contents. The author and publisher disclaim all such representations and warranties, including but not limited to warranties of merchantability. In addition, the author and publisher do not represent or warrant that the information accessible via this book is accurate, complete, or current.

Except as specifically stated in this book, neither the author nor publisher, nor any authors, contributors, or other representatives will be liable for damages arising out of or in connection with the use of this book. This is a comprehensive limitation of liability that applies to all damages of any kind, including (without limitation) compensatory; direct, indirect, or consequential damages; loss of data, income, or profit; loss of or damage to property; and claims of third parties.

BESTACTIVITYBOOKS.COM

FIRST EDITION - Published 2022

Extra Graphic Material From: www.freepik.com
Thanks to: Alekksall, Starline, Pch.vector, Rawpixel.com, Vectorpocket, Dgim-studio, Upklyak, Macrovector, Stockgiu, Pikisuperstar & Freepik.com Designers

GET
YOUR
BONUS
FREE
CODE: WSBONUS20

5 TIPS TO START!

1) HOW TO SOLVE

The Puzzles are in a Classic Format:

- Words are hidden without breaks (no spaces, dashes, ...)
- Orientation: Forward & Backward, Up & Down or in Diagonal (can be in both directions)
- Words can overlap or cross each other

2) ACTIVE LEARNING

To encourage learning actively, a space is provided next to each word to write down the translation. The **DICTIONARY** allows you to verify and expand your knowledge. You can look up and write down each translation, find the words in the Puzzle then add them to your vocabulary!

3) TAG YOUR WORDS

Have you tried using a tag system? For example, you could mark the words which have been difficult to find with a cross, the ones you loved with a star, new words with a triangle, rare words with a diamond and so on...

4) ORGANIZE YOUR LEARNING

We also offer a convenient **NOTEBOOK** at the end of this edition. Whether on vacation, travelling or at home, you can easily organize your new knowledge without needing a second notebook!

5) FINISHED?

Go to the bonus section: **MONSTER CHALLENGE** to find a free game offered at the end of this edition!

Want more fun and learning activities? It's **Fast and Simple!**
An entire Game Book Collection just **one click away!**

Find your next challenge at:

BestActivityBooks.com/MyNextWordSearch

Ready, Set... Go!

Did you know there are around 7,000 different languages in the world? Words are precious.

We love languages and have been working hard to make the highest quality books for you. Our ingredients?

A selection of indispensable learning themes, three big slices of fun, then we add a spoonful of difficult words and a pinch of rare ones. We serve them up with care and a maximum of delight so you can solve the best word games and have fun learning!

Your feedback is essential. You can be an active participant in the success of this book by leaving us a review. Tell us what you liked most in this edition!

Here is a short link which will take you to your order page.

BestBooksActivity.com/Review50

Thanks for your help and enjoy the Game!

Linguas Classics Team

1 - Antiques

T	R	A	N	G	S	Ứ	C	Đ	Y	H	Q	O	I	U	L
Q	N	O	V	T	Ấ	H	T	I	Ộ	N	Ồ	Đ	K	C	V
G	H	Y	R	P	H	C	H	Ê	O	C	B	U	D	M	M
R	U	C	P	P	D	Á	R	U	N	Y	B	Q	U	P	L
D	D	M	Ũ	L	H	C	K	K	Q	G	Ộ	K	L	K	U
U	Ị	R	T	Á	I	G	L	H	O	P	S	B	C	U	L
Đ	G	M	V	V	N	N	D	Ắ	B	P	Ư	R	M	H	M
K	Ồ	G	G	C	B	O	L	C	L	O	U	A	O	A	G
D	H	N	C	C	T	H	T	Ậ	U	H	T	Ệ	H	G	N
M	M	N	G	B	Q	P	N	R	I	T	Ậ	B	I	C	Ợ
D	T	O	A	X	N	V	Á	I	G	N	P	T	H	U	Ư
O	H	M	Ư	T	U	Ầ	Đ	I	Ề	U	K	I	Ệ	N	L
R	Ế	D	T	O	V	Í	R	T	G	N	A	R	T	K	T
A	K	T	P	H	Ụ	C	H	Ồ	I	U	K	A	V	Y	Ấ
I	Ỷ	V	U	T	H	Ậ	T	O	N	C	Ấ	R	C	A	H
A	T	H	A	N	H	L	Ị	C	H	T	H	Đ	N	R	C

NGHỆ THUẬT
ĐẤU GIÁ
THẬT
THẾ KỶ
ĐỒNG XU
THU
ĐIỀU KIỆN
TRANG TRÍ
THANH LỊCH
ĐỒ NỘI THẤT
BỘ SƯU TẬP
ĐẦU TƯ
TRANG SỨC
CŨ
GIÁ
CHẤT LƯỢNG
PHỤC HỒI
ĐIÊU KHẮC
PHONG CÁCH
GIÁ TRỊ

2 - Food #1

H	H	R	H	B	C	Q	Q	L	M	K	L	Ê	K	N	G
L	D	P	D	T	Q	G	U	Ừ	R	N	Y	H	P	M	P
H	À	N	H	M	T	H	Ả	G	N	K	N	Q	D	K	L
H	N	Y	O	M	Q	O	M	N	H	Ú	N	G	Q	U	Ế
D	Â	U	T	Â	Y	U	Ơ	Á	Ư	V	C	Q	U	K	U
V	A	Y	H	U	H	N	Ế	C	V	Ớ	Đ	Ư	Ờ	N	G
C	N	L	N	A	O	M	N	S	Ú	P	C	R	I	L	N
Ủ	I	U	A	C	M	H	Q	G	P	G	N	É	D	L	Ụ
C	B	Q	H	S	H	N	O	T	M	D	P	S	P	Ú	H
Ả	U	D	C	R	A	U	T	L	I	H	R	Ữ	Y	A	P
I	A	R	C	A	A	K	I	A	A	C	G	A	H	M	U
C	R	V	C	R	T	V	Q	H	U	B	D	V	C	Ạ	Ậ
V	H	P	Q	T	L	V	Q	P	Q	T	Ố	R	À	C	Đ
A	P	Q	N	U	D	G	M	H	K	P	K	A	U	H	N
H	H	K	H	A	N	L	B	K	N	T	Ỏ	I	Ố	U	M
I	V	A	L	V	L	H	I	V	I	K	T	I	I	G	C

QUẢ MƠ
LÚA MẠCH
HÚNG QUẾ
CÀ RỐT
QUẾ
TỎI
NƯỚC ÉP
CHANH
SỮA
HÀNH
ĐẬU PHỤNG
LÊ
SALAD
MUỐI
SÚP
RAU BINA
DÂU TÂY
ĐƯỜNG
CÁ NGỪ
CỦ CẢI

3 - Measurements

M	É	T	M	C	U	Ộ	C	I	Y	C	A	K	C	V	P
Q	N	É	Q	H	H	Đ	O	N	Q	H	B	I	E	O	Q
U	C	M	H	I	L	H	Q	C	A	I	M	L	N	H	Q
M	A	Ô	U	Ề	M	N	O	D	A	Ề	K	Ô	T	G	D
U	A	L	N	U	O	Ì	R	D	I	U	C	G	I	B	C
B	O	I	H	R	G	R	A	M	T	D	V	A	M	D	Y
L	U	K	H	Ộ	V	T	I	V	D	À	L	M	E	K	N
V	L	Q	C	N	M	I	N	Ấ	T	I	K	M	T	C	C
B	Y	T	E	G	I	D	C	T	Y	G	G	G	A	H	Â
U	L	Đ	Ộ	S	Â	U	H	D	C	C	D	N	I	I	N
B	O	K	H	Ố	I	L	Ư	Ợ	N	G	C	Ợ	P	Ề	N
T	U	Y	N	T	Q	H	K	V	G	T	A	Ư	M	U	Ặ
R	N	Y	G	V	T	B	B	P	L	T	Í	L	Q	C	N
R	C	M	G	O	Y	Ú	Q	R	N	R	N	M	Q	A	G
L	E	I	G	U	C	T	H	Ậ	P	P	H	Â	N	O	N
I	B	V	C	H	O	Q	N	P	G	P	H	L	O	B	A

BYTE
CENTIMET
THẬP PHÂN
TRÌNH ĐỘ
ĐỘ SÂU
GRAM
CHIỀU CAO
INCH
KILÔGAM
KILÔMÉT
CHIỀU DÀI
LÍT
KHỐI LƯỢNG
MÉT
PHÚT
OUNCE
TẤN
ÂM LƯỢNG
CÂN NẶNG
CHIỀU RỘNG

4 - Farm #2

I	Ợ	L	Y	Ủ	H	T	U	T	Đ	R	T	T	N	N	H
H	H	D	Ú	K	K	G	M	L	Ộ	C	H	Í	N	G	H
L	P	T	A	A	I	V	L	N	N	T	M	A	I	P	M
T	Q	Q	V	Ì	M	A	Ú	L	G	N	D	O	D	D	Á
Đ	D	L	K	A	T	Ạ	Q	P	V	M	G	N	Y	D	Y
L	Ồ	K	M	U	U	B	C	B	Ậ	A	I	Ỗ	Y	H	K
A	G	N	T	Ổ	O	N	G	H	T	Ị	V	T	N	U	É
N	Ó	I	G	Y	A	X	I	Ố	C	L	Ẻ	H	T	G	O
U	K	L	V	C	U	K	G	Y	N	L	H	Ứ	C	V	A
A	Q	I	H	A	Ở	R	D	R	I	P	N	C	O	C	C
T	R	Á	I	C	Â	Y	R	P	D	A	G	Ă	G	G	Q
N	Ô	N	G	D	Â	N	A	C	M	A	Ô	N	U	M	N
N	G	I	R	P	B	R	U	N	L	O	H	R	N	D	S
D	Y	T	O	D	K	G	V	N	R	T	R	C	Ừ	U	Ữ
R	D	C	M	I	H	I	Ự	O	A	V	T	C	H	U	A
N	L	T	L	D	B	I	A	O	K	N	R	G	D	D	A

ĐỘNG VẬT
LÚA MẠCH
VỰA
TỔ ONG
NGÔ
VỊT
NÔNG DÂN
THỨC ĂN
TRÁI CÂY
NGỖNG
THỦY LỢI
ĐỒNG CỎ
SỮA
THẺ
CHÍN
CỪU
MÁY KÉO
RAU
LÚA MÌ
CỐI XAY GIÓ

5 - Books

V	V	B	C	B	N	M	Q	N	L	P	K	G	T	B	L
L	O	Ạ	T	Y	À	H	U	Q	T	H	É	L	N	Ộ	Y
Y	Y	A	Ế	H	O	I	Â	C	V	Q	O	A	I	S	T
C	K	G	I	Q	Ạ	V	T	N	R	N	D	C	L	Ư	Ừ
M	L	A	V	A	T	G	Q	H	V	D	À	Â	L	U	I
L	L	K	Ả	I	G	C	Á	T	Ơ	Ậ	I	U	K	T	K
C	Ó	L	I	Ê	N	Q	U	A	N	L	T	C	Y	Ậ	G
O	L	D	L	Q	Á	D	Q	M	N	U	Ơ	H	T	P	D
P	B	C	T	D	S	H	K	L	H	C	M	U	T	L	B
N	G	Ư	Ờ	I	Đ	Ọ	C	Y	O	Ớ	R	Y	B	Ị	A
V	Ă	N	H	Ọ	C	Y	M	Ị	M	Ư	Q	Ệ	Ố	C	T
A	A	C	D	U	D	R	Q	R	K	H	Y	N	I	H	R
A	K	T	Ế	Y	U	H	T	U	Ể	I	T	H	C	S	A
I	H	D	D	R	K	B	Q	A	L	À	B	U	Ả	Ử	N
T	M	B	B	C	T	A	L	Q	N	H	B	Y	N	V	G
Q	D	R	R	U	C	O	U	V	L	K	O	L	H	O	U

TÁC GIẢ
NHÂN VẬT
BỘ SƯU TẬP
BỐI CẢNH
KÉO DÀI
LỊCH SỬ
HÀI HƯỚC
SÁNG TẠO
VĂN HỌC
TIỂU THUYẾT
TRANG
BÀI THƠ
THƠ
NGƯỜI ĐỌC
CÓ LIÊN QUAN
LOẠT
CÂU CHUYỆN
BI KỊCH
TỪ
VIẾT

6 - Meditation

V	Q	Q	P	Y	I	O	C	L	B	N	C	U	G	Y	T
L	U	U	O	O	N	M	Í	R	T	Í	L	Y	H	D	K
Ở	A	P	M	O	R	B	L	H	K	L	Ò	D	Y	T	A
H	N	Ì	B	A	Ò	H	C	Ặ	Y	A	N	N	N	H	Q
T	Đ	A	Q	K	R	T	Y	P	N	A	G	N	Ặ	L	D
Q	I	C	Ú	H	P	H	N	Ạ	H	G	T	T	P	Q	N
Y	Ể	Ạ	Ả	A	K	Q	V	H	P	N	Ố	H	H	Y	L
B	M	H	V	M	D	M	D	M	R	À	T	I	O	L	C
Y	H	N	T	Y	X	O	Q	U	R	R	Y	Ê	N	Q	I
P	N	M	D	H	Ý	Ú	H	C	L	Õ	A	N	G	D	G
Q	A	Â	Y	G	Ó	N	C	C	O	R	C	N	T	O	M
B	O	N	Ơ	T	Ế	I	B	G	N	Ò	L	H	R	M	V
I	N	I	O	Q	C	A	Q	A	Y	V	L	I	À	H	I
C	H	Ấ	P	N	H	Ậ	N	U	O	K	Q	Ê	O	Y	Q
T	H	Ư	Ơ	N	G	H	Ạ	I	E	V	U	N	M	V	B
T	Â	M	T	H	Ầ	N	Ĩ	H	G	N	Y	U	S	O	B

CHẤP NHẬN
CHÚ Ý
THỞ
LẶNG
RÕ RÀNG
THƯƠNG HẠI
CẢM XÚC
LÒNG BIẾT ƠN
THÓI QUEN
HẠNH PHÚC
LÒNG TỐT
TÂM THẦN
LÍ TRÍ
PHONG TRÀO
ÂM NHẠC
THIÊN NHIÊN
HÒA BÌNH
QUAN ĐIỂM
IM LẶNG
SUY NGHĨ

7 - Days and Months

N	A	R	H	B	T	Ậ	H	N	Ủ	H	C	T	D	P	Y
Ư	D	B	B	I	H	T	B	B	N	O	U	B	U	K	A
T	H	Ứ	B	A	Ứ	D	H	U	V	Y	R	M	Y	Ầ	N
G	C	U	N	H	T	T	U	Á	S	G	N	Á	H	T	N
N	Ị	L	T	Ứ	Ư	T	I	S	N	9	O	N	U	L	D
Á	L	Q	V	H	N	I	Ờ	Ứ	C	G	O	O	I	L	N
H	M	Q	D	T	Á	K	Ư	H	O	N	B	N	P	O	L
T	G	R	O	T	K	N	M	T	G	Á	B	Ả	A	T	V
H	L	K	T	K	M	U	G	T	M	H	M	K	Y	K	A
Ứ	Q	L	B	A	V	R	N	M	L	T	U	Q	À	N	T
B	Y	I	M	P	I	L	Á	G	Ộ	V	C	Q	G	P	H
Ả	L	G	I	I	Y	Q	H	A	K	T	V	T	N	R	I
Y	T	H	Ứ	N	Ă	M	T	R	R	B	V	C	T	V	V
I	R	G	H	Q	B	L	B	T	Y	G	P	T	L	N	H
V	T	Q	D	T	H	Á	N	G	H	A	I	V	T	Ă	L
K	T	H	Á	N	G	D	H	Y	C	Ó	T	H	Ể	M	I

THÁNG TƯ
NGÀY
LỊCH
THÁNG HAI
THỨ SÁU
THÁNG MỘT
THÁNG BẢY
THÁNG SÁU
CÓ THỂ
THỨ HAI
THÁNG
THÁNG MƯỜI
THỨ BẢY
THÁNG 9
CHỦ NHẬT
THỨ NĂM
THỨ BA
THỨ TƯ
TUẦN
NĂM

8 - Energy

O	N	P	A	M	H	E	H	D	Y	H	K	R	H	P	R
D	L	Y	B	H	Ạ	N	R	Ơ	I	G	I	B	Y	H	Q
D	Y	G	Y	Y	T	T	M	C	I	E	C	D	I	O	M
T	R	Y	Q	D	N	R	K	G	T	N	S	N	K	T	K
U	V	Q	Y	R	H	O	A	N	H	Q	Ư	E	D	O	C
C	D	G	R	O	Â	P	V	Ộ	Q	B	O	Ớ	L	N	Ô
K	A	M	C	V	N	Y	P	Đ	Q	V	C	O	C	M	N
H	Y	R	H	A	B	R	M	V	X	Ă	N	G	N	Ô	G
N	D	Q	B	T	M	Ử	Ễ	H	P	O	G	Q	H	I	N
U	U	K	O	O	Ạ	T	I	Á	T	D	N	B	I	T	G
P	K	N	P	V	N	N	H	V	Ệ	K	Q	C	Ê	R	H
P	P	P	P	H	T	Ệ	N	Ó	I	G	O	R	N	Ư	I
L	N	I	A	H	U	I	Ô	B	H	I	K	N	L	Ờ	Ệ
R	Y	N	I	O	A	Đ	H	C	N	D	M	Q	I	N	P
N	G	B	V	T	I	N	O	N	Đ	I	Ệ	N	Ệ	G	Q
G	T	U	A	B	I	N	G	A	I	N	A	P	U	Y	T

PIN
CARBON
DIESEL
ĐIỆN
ĐIỆN TỬ
ENTROPY
MÔI TRƯỜNG
NHIÊN LIỆU
XĂNG
NHIỆT
HYDRO
CÔNG NGHIỆP
ĐỘNG CƠ
HẠT NHÂN
PHOTON
Ô NHIỄM
TÁI TẠO
HƠI NƯỚC
TUA-BIN
GIÓ

9 - Chess

Q	G	T	A	Y	B	Q	Đ	P	A	A	I	N	G	Q	C
D	R	H	N	V	U	C	U	Ư	P	B	K	I	L	H	U
G	R	Ờ	H	H	V	V	N	Á	Ờ	Q	L	U	D	T	O
L	T	I	U	R	D	O	Y	H	N	N	L	G	P	Y	L
B	T	G	K	A	I	A	T	P	N	Q	G	V	I	A	I
U	R	I	T	R	Ắ	N	G	V	D	C	U	C	O	A	G
G	Ò	A	C	Ợ	Ư	L	N	Ế	I	H	C	Â	H	R	N
I	C	N	I	U	H	Y	S	I	N	H	I	L	N	É	À
Ả	H	D	G	N	Ộ	Đ	Ụ	H	T	N	T	B	V	T	O
I	Ơ	U	I	Ơ	H	C	I	Ờ	Ư	G	N	V	T	T	H
Đ	I	O	Y	Y	B	Ắ	T	T	G	D	V	C	Y	O	Ữ
Ấ	Đ	E	N	L	B	T	Ủ	H	T	I	Ố	Đ	Y	N	N
U	I	T	B	U	I	Y	H	N	I	M	G	N	Ô	H	T
I	K	G	O	B	A	U	V	L	M	Ể	O	U	B	V	Q
C	L	R	L	B	H	Q	N	P	O	I	D	N	K	V	O
I	N	K	N	Q	A	O	B	B	V	Đ	B	P	H	K	Y

ĐEN
QUÁN QUÂN
THÔNG MINH
CUỘC THI
ĐƯỜNG CHÉO
TRÒ CHƠI
VUA
ĐỐI THỦ
THỤ ĐỘNG
NGƯỜI CHƠI
ĐIỂM
NỮ HOÀNG
QUY TẮC
HY SINH
CHIẾN LƯỢC
THỜI GIAN
GIẢI ĐẤU
TRẮNG

10 - Archeology

R	M	I	A	Á	Q	B	D	R	Y	K	I	T	L	R	Y
I	B	M	Y	I	R	Í	P	I	Y	M	Q	D	D	G	D
D	B	Ả	K	G	G	Ẩ	R	H	T	I	M	B	B	C	Y
P	I	N	H	H	N	N	C	I	Â	Í	Ộ	O	G	D	M
U	L	H	C	N	Ợ	Ê	Ê	T	H	N	C	O	Q	U	B
H	Ổ	C	L	Á	Ư	U	G	Y	R	A	T	H	T	V	L
C	Y	Í	U	Đ	T	Q	H	B	U	I	M	Í	K	H	H
H	B	T	V	Y	I	P	O	K	N	H	R	G	C	V	N
K	L	N	B	R	Ố	I	H	Ỷ	P	H	C	L	L	H	I
L	K	À	V	P	Đ	B	Ó	N	X	Ư	Ơ	N	G	D	M
A	M	T	G	C	A	G	A	G	N	G	Ô	I	Đ	Ề	N
G	I	Á	O	S	Ư	Y	T	U	L	Q	O	G	Y	A	Ă
Đ	Ồ	G	Ố	M	N	U	H	Y	Đ	Ộ	I	O	Q	U	V
K	H	Ô	N	G	R	Õ	Ạ	Ê	U	T	H	V	U	O	N
N	B	D	B	A	K	R	C	N	A	Y	T	O	D	Y	Ề
T	I	R	U	Q	B	M	H	N	Q	G	K	O	V	U	N

PHÂN TÍCH
CỔ
XƯƠNG
NỀN VĂN MINH
KỶ NGUYÊN
ĐÁNH GIÁ
CHUYÊN GIA
QUÊN
HÓA THẠCH
MẢNH

BÍ ẨN
ĐỐI TƯỢNG
ĐỒ GỐM
GIÁO SƯ
DI TÍCH
TÀN TÍCH
ĐỘI
NGÔI ĐỀN
MỘ
KHÔNG RÕ

11 - Food #2

N	Ấ	M	G	C	À	C	H	U	A	C	H	U	Ố	I	Y
H	M	M	I	I	U	A	N	D	B	K	U	C	U	G	K
D	V	A	Ă	V	B	U	T	V	U	L	H	G	N	L	U
M	L	N	M	A	T	I	S	Ô	I	T	I	Q	T	I	G
U	A	B	B	T	D	L	P	M	O	I	A	D	A	P	D
M	P	B	Ô	A	D	K	V	H	Ạ	T	N	N	Y	T	T
T	H	H	N	A	X	I	Ả	C	G	N	Ô	B	D	K	R
R	T	D	G	I	K	D	S	Q	N	P	B	O	P	T	D
S	Ữ	A	C	H	U	A	K	Ô	D	I	O	À	G	R	D
N	M	Y	V	U	B	K	Q	P	C	U	B	Đ	G	Ứ	R
H	C	Ì	I	K	L	V	C	I	Y	Ô	N	H	O	N	A
P	H	Ô	M	A	I	M	D	À	Â	M	L	N	G	G	I
L	T	B	O	A	Y	C	O	Á	T	U	T	A	K	D	V
O	Y	U	P	R	Ú	I	H	C	N	Í	V	Ả	C	A	I
O	G	D	K	D	V	L	N	T	Ầ	K	M	U	G	U	P
N	Q	U	Ả	K	I	W	I	I	C	O	C	Q	À	D	P

TÁO
ATISÔ
CHUỐI
BÔNG CẢI XANH
CẦN TÂY
PHÔ MAI
QUẢ ANH ĐÀO
GÀ
SÔ CÔ LA
TRỨNG
CÀ TÍM
CÁ
NHO
GIĂM BÔNG
QUẢ KIWI
NẤM
GẠO
CÀ CHUA
LÚA MÌ
SỮA CHUA

12 - Chemistry

C	A	X	I	T	P	O	H	U	Ô	P	H	Â	N	T	Ử
Q	H	V	Ộ	M	U	Ố	I	B	H	X	P	H	Â	O	H
Y	K	Ấ	Đ	I	H	H	B	P	C	K	Y	C	H	L	I
I	C	O	T	N	V	U	R	B	P	P	R	O	N	C	V
U	Y	V	Ễ	X	Đ	I	Ệ	N	T	Ử	Y	H	T	Q	V
V	V	B	I	Y	Ú	Ơ	N	O	H	U	G	P	Ạ	U	O
C	P	A	H	I	A	C	Y	R	M	H	M	C	H	Q	N
Â	C	V	N	P	P	U	T	Y	O	R	D	P	C	P	N
N	A	B	A	U	N	Ữ	H	Á	K	U	P	K	H	M	G
N	R	C	G	D	T	H	O	L	C	K	L	Q	C	C	U
Ặ	B	L	U	C	N	H	I	Ệ	T	M	N	T	I	A	Y
N	O	O	K	L	A	Q	C	H	Ấ	T	L	Ỏ	N	G	Ê
G	N	O	I	E	N	Z	Y	M	E	V	C	D	R	P	N
I	I	A	Ề	K	Y	P	M	V	T	H	Y	D	R	O	T
A	H	D	M	H	C	N	M	V	I	N	Q	P	L	M	Ử
R	I	L	Y	Í	L	I	G	B	K	D	P	T	A	K	P

AXIT
KIỀM
NGUYÊN TỬ
CARBON
CHẤT XÚC TÁC
CLO
ĐIỆN TỬ
ENZYME
KHÍ
NHIỆT

HYDRO
ION
CHẤT LỎNG
PHÂN TỬ
HẠT NHÂN
HỮU CƠ
ÔXY
MUỐI
NHIỆT ĐỘ
CÂN NẶNG

13 - Music

Đ	V	R	A	U	Y	D	G	M	Y	L	N	O	C	N	M
B	I	K	R	K	M	O	D	P	M	R	Y	Q	T	H	I
G	Q	Ệ	E	T	Ơ	K	Ụ	Q	Y	T	D	N	R	Ị	C
G	I	K	P	Ị	H	N	N	H	P	A	K	A	Ữ	P	R
R	R	A	O	K	T	C	G	D	D	P	D	N	T	N	O
O	H	P	I	R	H	O	C	I	P	G	D	I	Ì	H	P
P	L	I	I	Đ	I	Ú	Ụ	A	Ợ	C	G	T	N	À	H
K	Y	U	G	P	I	B	C	Ạ	H	N	M	Â	H	N	O
T	I	Ế	N	Đ	Ộ	Ệ	M	G	A	Ể	H	Â	U	G	N
L	B	A	L	L	A	D	U	I	Ò	I	I	O	I	V	E
N	T	N	Y	I	Y	O	B	Ọ	H	Đ	H	Á	T	H	D
N	H	Ạ	C	S	Ĩ	B	L	N	B	Ổ	H	D	V	H	G
T	H	R	C	A	S	Ĩ	A	G	Q	C	V	H	U	V	M
P	V	P	N	N	M	K	D	H	D	B	P	L	U	G	K
H	P	G	I	I	D	P	A	Á	L	A	U	Q	N	B	P
H	O	U	A	C	C	U	D	T	Y	I	N	Q	C	H	B

ALBUM
BALLAD
ĐIỆP KHÚC
CỔ ĐIỂN
HÒA HỢP
DỤNG CỤ
TRỮ TÌNH
GIAI ĐIỆU
MICROPHONE
ÂM NHẠC
NHẠC SĨ
OPERA
THƠ
GHI ÂM
NHỊP
NHỊP NHÀNG
HÁT
CA SĨ
TIẾN ĐỘ
GIỌNG HÁT

14 - Family

T	R	Ẻ	E	M	C	V	R	L	V	D	M	U	A	M	Ẹ
E	G	L	U	G	Ú	H	C	U	V	C	O	C	N	O	C
G	M	P	G	O	I	I	Á	G	U	Á	H	C	H	G	V
O	Y	H	D	I	C	Á	D	U	Á	H	C	M	T	V	P
D	Y	M	Ọ	C	V	G	N	Ô	T	R	G	P	R	T	I
K	M	U	U	L	Ợ	N	D	V	G	R	B	K	A	Ổ	C
T	C	O	G	V	R	O	D	V	L	H	A	P	I	T	C
K	H	M	Q	R	A	C	B	Q	A	Y	Q	I	Q	I	A
E	U	Ờ	T	L	O	I	N	T	N	U	G	O	C	Ê	A
M	K	C	I	Y	K	A	U	A	V	G	A	G	V	N	G
G	Q	Y	C	T	P	V	C	C	C	C	H	A	L	K	D
Á	B	N	K	P	H	L	B	G	C	L	V	C	R	H	M
I	O	R	N	G	M	Ơ	C	R	K	N	G	D	Ì	G	Y
C	H	Ồ	N	G	B	V	Ấ	D	H	K	A	B	À	A	N
D	L	O	Q	Y	U	V	Q	U	Q	L	L	K	C	U	U
Y	T	H	M	G	M	G	Q	C	V	D	H	L	U	V	O

TỔ TIÊN
DÌ
ANH TRAI
CON
THỜI THƠ ẤU
TRẺ EM
EM HỌ
CON GÁI
ÔNG
BÀ
CHÁU TRAI
CHỒNG
MẸ
CHÁU
CHÁU GÁI
CHA
EM GÁI
CHÚ
VỢ

15 - Farm #1

D	Ê	G	C	C	B	V	A	R	K	N	M	B	A	Y	V
H	U	U	Ỏ	V	T	Ò	Q	Q	P	K	M	K	G	O	R
N	Y	E	K	N	O	D	Y	H	L	M	D	K	Q	M	Y
Q	Ô	Q	H	A	L	Q	U	T	O	È	M	N	O	C	G
R	D	N	Ô	M	Ậ	T	O	N	G	H	P	G	T	O	À
B	P	Y	G	I	M	Q	D	O	N	T	H	Ự	P	A	M
B	H	V	T	N	L	M	G	H	Ừ	R	Â	A	Ó	R	L
C	L	L	U	V	G	M	N	C	R	Ư	N	Q	H	C	R
Q	O	B	G	Q	C	H	Ố	G	Ò	Ờ	B	T	C	D	Y
I	À	N	K	N	C	O	I	N	B	N	Ó	V	O	O	L
R	R	Â	Q	I	I	O	G	Ệ	D	G	N	V	N	I	I
O	G	H	M	U	M	T	T	H	P	H	K	B	O	P	O
T	N	C	D	B	Ạ	M	Ạ	N	Ư	Ớ	C	Q	N	Y	R
V	À	P	Y	K	R	U	H	R	Q	G	V	U	G	P	Y
P	H	Ắ	Q	L	U	P	N	A	R	A	R	K	B	V	N
O	K	B	M	Q	O	I	K	L	N	L	G	Ạ	O	Q	H

NÔNG NGHIỆP
CON ONG
BÒ RỪNG
BẮP CHÂN
CON MÈO
GÀ
BÒ
CON QUẠ
CHÓ
DONKEY
HÀNG RÀO
PHÂN BÓN
TRƯỜNG
DÊ
CỎ KHÔ
MẬT ONG
NGỰA
GẠO
HẠT GIỐNG
NƯỚC

16 - Camping

G	C	H	M	B	S	D	U	U	Y	Y	Â	C	L	D	N
T	A	L	V	L	H	Ă	G	H	L	N	N	Ô	Ử	Â	T
L	B	M	Ề	M	Đ	B	N	À	B	A	L	N	A	Y	R
N	I	M	M	U	Ộ	U	C	B	L	U	M	T	Y	T	P
Ú	N	B	V	Y	N	Q	I	Ẻ	Ắ	N	Ặ	R	M	H	T
I	P	H	G	K	G	N	Õ	V	G	N	T	Ù	G	Ừ	L
D	Q	H	O	V	V	P	L	I	A	P	T	N	C	N	Q
R	R	H	C	G	Ậ	Ồ	H	U	V	N	R	G	B	G	Q
R	M	H	G	Q	T	Đ	P	V	Q	D	Ă	M	O	G	T
O	B	D	C	L	I	N	Ê	I	H	N	N	Ê	I	H	T
C	H	H	D	H	L	Ả	I	A	Y	O	G	V	A	V	C
X	U	Ồ	N	G	K	B	C	C	R	Y	A	N	O	D	P
T	H	I	Ế	T	B	Ị	Y	K	D	O	A	C	Ừ	B	G
M	Ũ	H	U	N	P	L	Q	V	M	R	A	N	Y	R	P
N	U	K	Q	V	A	R	M	M	A	M	U	N	T	C	G
V	V	K	N	P	V	G	I	R	P	M	L	O	U	H	Y

ĐỘNG VẬT
CABIN
XUỒNG
LA BÀN
THIẾT BỊ
LỬA
RỪNG
VUI VẺ
VÕNG
MŨ
SĂN BẮN
CÔN TRÙNG
HỒ
BẢN ĐỒ
MẶT TRĂNG
NÚI
THIÊN NHIÊN
DÂY THỪNG
LỀU
CÂY

17 - Algebra

P	L	C	A	C	V	Ấ	N	Đ	Ề	V	Ô	H	Ạ	N	I
P	H	M	R	B	S	T	Ậ	L	K	L	V	I	M	Ế	G
H	G	Â	L	D	Ơ	P	R	B	B	P	N	L	D	I	B
É	K	V	N	Q	Đ	U	T	U	B	U	V	K	B	B	B
P	P	R	H	S	Ồ	Q	A	C	Ô	N	G	T	H	Ứ	C
T	T	H	A	B	Ố	Ũ	M	L	Ặ	K	V	Q	N	I	N
R	Ế	D	G	I	S	T	Q	I	V	O	L	B	Ì	L	Y
Ừ	Y	T	N	T	Y	Q	O	A	P	K	G	H	R	U	A
R	U	A	B	L	H	K	Q	G	O	K	T	N	T	A	D
C	Q	G	R	V	H	O	O	T	B	T	P	Í	G	P	L
G	I	Ả	I	P	H	Á	P	D	B	I	A	T	N	T	Y
V	Ả	A	Q	P	A	Ó	H	N	Ả	I	G	N	Ơ	Đ	L
R	I	M	S	I	O	L	I	V	I	Q	R	Ế	Ư	R	V
B	G	N	Ô	H	K	Ố	S	L	N	A	R	Y	H	K	L
S	Ố	L	Ư	Ợ	N	G	L	B	P	D	M	U	P	B	C
A	T	C	M	N	N	D	I	V	Q	C	V	T	H	R	B

SƠ ĐỒ
PHƯƠNG TRÌNH
MŨ
TỐ
SAI
CÔNG THỨC
PHÂN SỐ
VÔ HẠN
TUYẾN TÍNH
MA TRẬN
SỐ
NGOẶC
VẤN ĐỀ
SỐ LƯỢNG
ĐƠN GIẢN HÓA
GIẢI PHÁP
GIẢI QUYẾT
PHÉP TRỪ
BIẾN
SỐ KHÔNG

18 - Numbers

A	Q	A	G	N	B	Y	V	G	M	Ư	Ờ	I	B	A	P
O	T	H	I	M	Ố	M	Ư	Ờ	I	B	Ố	N	B	L	R
M	C	H	Í	N	N	H	K	I	A	P	Y	O	Ả	U	V
P	Ư	T	Y	K	P	L	Q	Ơ	H	T	I	H	Y	B	B
U	G	Ờ	G	K	I	B	G	Ư	M	Ư	Ờ	I	S	Á	U
U	Q	V	I	G	N	Y	D	M	C	G	U	U	A	N	Á
M	G	M	Ờ	C	M	Ư	Ờ	I	T	Á	M	Y	O	C	S
R	Ư	B	Ư	U	H	Y	Y	A	M	Ư	Ờ	I	L	Ă	M
L	H	Ờ	M	B	V	Í	T	H	Ậ	P	P	H	Â	N	T
T	D	Q	I	R	G	A	N	H	V	C	Y	B	U	N	T
M	B	V	P	B	M	Ư	Ờ	I	H	A	I	N	K	Ă	K
N	C	T	G	H	Ả	Q	B	V	H	Y	N	I	C	M	L
T	I	V	T	V	M	Y	G	D	L	N	T	V	A	V	N
G	M	A	P	G	T	Y	P	L	D	R	Ộ	Á	G	T	R
U	M	B	G	C	I	G	G	H	D	U	M	N	M	B	A
G	I	L	Y	V	N	M	K	R	B	T	M	G	T	B	C

THẬP PHÂN
TÁM
MƯỜI TÁM
MƯỜI LĂM
NĂM
BỐN
MƯỜI BỐN
CHÍN
MƯỜI CHÍN
MỘT
BẢY
MƯỜI BẢY
SÁU
MƯỜI SÁU
MƯỜI
MƯỜI BA
BA
MƯỜI HAI
HAI MƯƠI
HAI

19 - Spices

C	T	V	O	A	D	G	O	A	N	L	M	H	U	C	A
Ỏ	H	H	B	H	I	U	K	Q	I	Y	N	P	K	À	B
C	Ớ	K	I	T	L	R	B	R	N	L	Y	G	M	R	M
À	T	R	C	I	Ố	U	M	K	P	A	U	D	Ọ	I	C
R	C	Y	P	N	T	Ấ	D	P	R	Q	I	G	Y	T	N
I	Ự	N	N	A	T	H	N	À	H	Q	C	N	Ừ	U	Ị
C	A	V	R	V	H	K	Ả	H	H	Q	C	Ơ	N	N	V
Â	G	N	Ắ	Đ	Ì	U	C	O	V	R	T	Ư	M	B	G
Y	À	H	C	Q	L	Ậ	Â	N	Q	T	L	H	M	O	N
H	G	D	V	L	À	Đ	Y	G	G	U	C	H	R	C	Ơ
Ồ	K	H	I	D	R	C	T	H	H	P	Ả	N	B	T	Ư
I	A	D	V	I	O	Ụ	H	Ệ	C	K	L	I	Ỏ	T	H
Q	U	Ế	U	L	Q	H	Ì	T	T	Q	H	Đ	U	A	P
R	A	U	M	Ù	I	N	L	Â	H	D	Q	D	D	D	U
H	B	U	Y	R	Y	L	À	Y	N	V	P	M	P	D	L
T	K	T	H	B	V	I	T	K	H	P	Y	U	H	O	B

CÂY HỒI
ĐẮNG
THẢO QUẢ
QUẾ
ĐINH HƯƠNG
RAU MÙI
CÂY THÌ LÀ
CÀ RI
THÌ LÀ
CỎ CÀ RI
HƯƠNG VỊ
TỎI
GỪNG
NHỤC ĐẬU KHẤU
HÀNH
ỚT CỰA GÀ
NGHỆ TÂY
MUỐI
NGỌT
VANI

20 - Mammals

Ó	H	C	Ự	Đ	Ò	B	K	A	N	G	A	R	O	O	S
V	I	O	V	Á	C	T	M	O	I	U	V	I	R	Q	Ư
T	B	Y	L	I	Ả	H	H	G	G	O	U	U	U	U	T
Ổ	C	O	A	C	U	Ơ	Ư	H	C	D	G	H	Y	Y	Ử
P	D	T	L	V	Ừ	A	N	Y	Á	L	K	Ấ	N	Q	D
N	P	E	H	C	C	G	I	I	O	I	T	Q	U	L	O
N	M	T	L	O	C	O	N	V	O	I	N	H	T	R	A
U	N	I	K	N	G	L	P	N	H	L	N	H	I	H	G
P	C	K	H	M	Y	B	U	C	G	O	M	U	A	Y	Ở
N	B	K	Ỉ	È	G	B	U	B	L	Ự	O	R	R	U	D
V	M	M	Đ	O	I	D	C	O	U	I	A	G	P	P	G
Y	L	B	Ộ	C	K	Q	R	K	H	C	Á	H	E	O	Q
R	D	Q	T	V	C	A	C	H	Ó	S	Ó	I	T	K	P
Y	T	O	N	Y	L	U	C	B	R	B	I	V	R	I	L
O	Y	D	P	I	N	G	U	M	Q	L	A	L	D	B	M
N	G	Ự	A	V	Ằ	N	D	K	H	Ỉ	H	Y	O	A	I

GẤU
HẢI LY
BÒ ĐỰC
CON MÈO
COYOTE
CHÓ
CÁ HEO
CON VOI
CÁO
HƯƠU CAO CỔ
KHỈ ĐỘT
NGỰA
KANGAROO
SƯ TỬ
KHỈ
THỎ
CỪU
CÁ VOI
CHÓ SÓI
NGỰA VẰN

21 - Fishing

B	Ã	I	B	I	Ể	N	Ề	Y	U	H	T	R	I	U	O
M	A	N	G	M	I	Ị	B	T	Ế	I	H	T	B	A	K
P	B	A	V	B	A	A	Q	M	R	N	P	À	A	D	A
I	H	Đ	Ạ	I	D	Ư	Ơ	N	G	G	P	H	M	B	D
Q	P	Ó	Y	Y	Q	R	Q	B	B	O	Q	D	V	A	A
Q	Q	P	N	Ẫ	H	N	N	Ê	I	K	C	A	O	C	M
A	L	P	L	G	N	Ô	S	V	T	A	K	R	H	H	U
P	P	B	B	I	Đ	P	Ổ	C	L	C	G	T	N	Q	Q
D	Â	Y	M	Ó	C	Ạ	R	I	C	H	D	Y	L	L	K
O	G	O	B	R	Ớ	U	I	C	P	V	U	B	V	C	Q
O	C	T	P	Y	Ư	A	Á	I	Â	L	H	V	U	L	B
V	B	U	K	L	N	T	C	Ồ	H	N	M	P	M	A	I
V	B	I	N	Ấ	U	B	A	M	Ù	A	N	B	B	R	V
L	H	M	Q	P	P	Q	P	H	I	K	B	Ặ	V	Â	Y
I	H	D	P	M	T	P	V	C	I	L	C	A	N	K	T
K	O	P	M	Y	T	O	H	V	M	U	V	D	T	G	I

MỒI
CÁI RỔ
BÃI BIỂN
THUYỀN
NẤU
THIẾT BỊ
PHÓNG ĐẠI
VÂY
MANG
MÓC

HÀM
HỒ
ĐẠI DƯƠNG
KIÊN NHẪN
SÔNG
MÙA
NƯỚC
CÂN NẶNG
DÂY

22 - Bees

L	H	O	M	O	E	Q	O	N	U	A	G	H	N	T	T
N	Ọ	M	N	A	K	V	P	D	H	B	Q	A	V	L	R
Ữ	P	D	Y	C	A	R	I	V	G	G	Y	I	K	A	Á
H	L	L	L	K	U	Q	T	H	Ụ	P	H	Ấ	N	C	I
O	Ạ	N	I	Á	H	T	H	N	I	S	Ệ	H	Ă	Ô	C
À	I	L	Ợ	A	M	V	Ư	Ờ	N	H	B	M	C	N	Â
N	L	Y	L	O	A	O	G	L	R	B	C	B	Ứ	T	Y
G	R	I	Ó	H	K	Đ	A	D	Ạ	N	G	G	H	R	N
M	Y	Ờ	C	N	C	Â	Y	B	R	L	A	Q	T	Ù	G
P	Ậ	R	B	Ấ	H	A	N	G	I	D	D	N	C	N	V
H	U	T	L	H	Y	V	U	H	U	U	D	N	O	G	C
C	I	T	O	P	Á	S	M	V	G	D	Q	U	O	K	Á
I	Y	Ặ	P	N	Q	H	Y	Q	N	V	Y	T	I	D	N
N	V	M	C	A	G	A	O	O	D	R	L	T	U	Q	H
U	B	Y	A	K	H	N	D	A	U	K	O	B	H	V	V
O	R	Y	A	H	V	K	G	D	M	I	Y	Y	D	L	P

CÓ LỢI
ĐA DẠNG
HỆ SINH THÁI
HOA
THỨC ĂN
TRÁI CÂY
VƯỜN
HIVE
MẬT ONG
CÔN TRÙNG
CÂY
PHẤN HOA
THỤ PHẤN
NỮ HOÀNG
KHÓI
MẶT TRỜI
HỌP LẠI
SÁP
CÁNH

23 - Weather

K	H	Ô	N	G	K	H	Í	I	N	H	N	S	Y	B	G
N	H	I	Ệ	T	Đ	Ộ	L	C	V	L	Ư	Ấ	V	V	I
C	Ầ	U	V	Ồ	N	G	C	N	G	M	Ớ	M	O	P	Ó
V	G	K	B	Q	U	P	G	P	L	O	C	S	Q	I	L
A	M	Y	K	Ã	N	Y	Â	M	M	Á	Đ	É	Q	D	P
D	N	Ô	H	K	O	Ã	B	N	Ơ	C	Á	T	É	S	G
G	N	A	Í	S	V	T	L	Ố	C	X	O	Á	Y	U	N
T	A	C	H	L	Ư	N	Á	H	N	Ạ	H	D	B	B	R
M	P	M	Ậ	D	H	Ơ	O	P	U	G	I	Ó	M	Ù	A
M	N	H	U	A	G	R	N	Q	C	U	Ờ	G	T	R	H
G	D	B	G	B	B	K	G	G	L	A	R	P	T	L	K
A	O	I	C	O	B	T	L	Y	M	H	T	Ụ	L	Ũ	L
A	A	C	A	Ự	T	U	B	R	L	Ù	U	C	L	T	V
T	O	O	C	U	C	C	L	R	N	L	Ầ	V	P	N	N
N	H	I	Ệ	T	Đ	Ớ	I	T	N	R	B	C	R	M	D
Y	I	R	Y	R	B	Q	R	N	A	Q	M	G	Y	M	Q

KHÔNG KHÍ
KHÍ HẬU
ĐÁM MÂY
HẠN HÁN
KHÔ
LŨ LỤT
SƯƠNG MÙ
CƠN BÃO
NƯỚC ĐÁ
SÉT
GIÓ MÙA
CỰC
CẦU VỒNG
BẦU TRỜI
BÃO TÁP
NHIỆT ĐỘ
SẤM SÉT
LỐC XOÁY
NHIỆT ĐỚI
GIÓ

24 - Restaurant #2

V	H	P	H	K	C	O	Q	K	T	K	B	O	V	A	C
N	V	B	V	T	A	Q	N	M	H	A	Ữ	R	A	N	Q
Q	C	N	Y	U	D	D	N	G	O	N	A	V	P	G	G
C	R	Y	P	C	L	L	I	D	M	D	T	Q	Ú	L	A
A	Đ	Ồ	U	Ố	N	G	N	L	P	K	Ố	H	S	L	Y
Ì	C	D	U	N	G	P	L	C	K	I	I	H	A	K	R
H	P	I	O	C	O	M	N	Y	H	A	N	Q	L	V	R
T	D	Y	T	Y	C	Ị	U	U	M	H	V	R	A	B	H
I	R	D	Q	R	N	V	C	Y	B	K	C	Q	D	B	U
Á	U	Ứ	I	Ì	Á	A	B	R	C	Á	I	N	Ĩ	A	K
C	Ớ	Ư	N	M	Q	I	G	A	B	Ữ	A	T	R	Ư	A
Q	M	N	B	G	U	G	C	U	V	K	P	M	V	T	K
Y	H	P	Ă	P	L	Ố	V	Â	H	U	N	D	D	P	I
K	M	I	N	O	M	M	I	P	Y	A	O	M	D	C	L
O	Ế	H	G	P	H	Ụ	C	V	Ụ	N	A	M	K	Á	I
C	T	A	B	Á	N	H	L	A	G	U	G	T	A	Y	Q

ĐỒ UỐNG
BÁNH
GHẾ
NGON
BỮA TỐI
TRỨNG
CÁ
CÁI NĨA
TRÁI CÂY
BĂNG
BỮA TRƯA
MÌ
SALAD
MUỐI
SÚP
GIA VỊ
CÁI THÌA
RAU
PHỤC VỤ NAM
NƯỚC

25 - Geology

I	C	G	I	B	B	T	K	Q	V	U	D	Y	K	Q	T
S	A	N	H	Ô	T	L	I	R	R	O	C	U	G	D	Y
M	Ử	Ộ	T	H	A	P	P	N	Ò	M	I	Ó	X	R	K
Y	L	Đ	H	N	I	M	Y	Ả	H	C	G	N	Ó	N	L
N	I	G	T	T	R	G	I	V	B	T	T	A	D	H	P
M	Ú	N	D	U	N	G	N	H	A	M	H	V	R	H	C
U	N	A	C	A	O	N	G	U	Y	Ê	N	Ể	Y	N	H
Ố	K	H	L	Ụ	C	Đ	Ị	A	K	R	A	X	I	T	U
I	U	K	N	B	B	R	I	Đ	V	Q	H	Y	B	M	K
B	C	G	N	H	Ũ	Đ	Á	Y	Á	N	C	T	H	M	Ỳ
M	V	A	H	G	H	P	Q	A	O	Y	Ạ	O	H	Y	A
C	P	Ớ	L	V	L	Y	L	U	O	T	H	T	N	P	O
L	N	M	H	C	Ạ	H	T	A	Ó	H	T	I	A	D	N
N	T	D	K	G	I	T	K	H	O	Á	N	G	S	Ả	N
P	D	V	M	L	P	U	P	D	K	I	V	G	G	I	I
C	N	K	P	M	Q	N	M	Đ	Ộ	N	G	Đ	Ấ	T	D

AXIT
CALCIUM
HANG ĐỘNG
LỤC ĐỊA
SAN HÔ
TINH THỂ
CHU KỲ
ĐỘNG ĐẤT
XÓI MÒN
HÓA THẠCH
DUNG NHAM
LỚP
KHOÁNG SẢN
NÓNG CHẢY
CAO NGUYÊN
THẠCH ANH
MUỐI
NHŨ ĐÁ
ĐÁ
NÚI LỬA

26 - House

G	G	V	C	C	M	A	K	A	N	L	Q	R	I	H	M
N	Ư	U	L	I	P	V	R	T	H	Ò	I	B	T	À	V
R	Ơ	M	P	U	R	N	È	Đ	À	S	U	L	M	N	G
C	N	Y	Á	D	R	Ờ	M	L	B	Ư	N	D	O	G	U
K	G	L	R	I	M	Ư	C	L	Ế	Ở	D	À	V	R	N
C	P	G	H	M	N	V	Ử	Q	P	I	Ổ	H	C	À	D
R	H	T	H	P	Ệ	H	A	R	A	G	R	N	D	O	R
Q	G	Ì	N	L	I	T	À	N	T	R	R	N	N	H	C
O	Á	K	A	U	V	Q	O	B	C	Ư	D	À	O	Y	G
B	C	I	C	K	Ư	P	H	Ò	N	G	Ờ	S	Y	C	N
R	X	C	T	Ấ	H	T	I	Ộ	N	Ồ	Đ	N	L	C	M
C	É	N	K	I	T	Ó	D	N	K	M	G	H	G	A	Y
Q	P	A	R	D	Ổ	S	A	Ử	C	M	R	B	O	M	A
N	C	B	M	G	P	N	H	P	Ử	R	Q	B	G	R	I
V	Q	O	C	B	B	N	E	S	A	O	H	I	Ò	V	N
P	K	M	O	Y	R	O	Y	Y	N	H	I	Q	G	B	R

GÁC XÉP
CHỔI
RÈM CỬA
CỬA
HÀNG RÀO
LÒ SƯỞI
SÀN NHÀ
ĐỒ NỘI THẤT
GA-RA
VƯỜN

CHÌA KHÓA
NHÀ BẾP
ĐÈN
THƯ VIỆN
GƯƠNG
MÁI NHÀ
PHÒNG
VÒI HOA SEN
TƯỜNG
CỬA SỔ

27 - Physics

T	B	Y	T	H	H	M	N	U	B	T	Q	P	Q	G	U
B	Ầ	P	R	Ạ	Ó	Ở	G	P	Í	D	Í	H	K	A	T
K	P	N	G	T	A	R	U	G	H	V	L	Â	R	Y	Ơ
G	H	L	S	A	C	Ộ	Y	K	K	Ổ	I	N	I	M	C
U	N	Ố	U	Ố	H	N	Ê	Y	Ơ	C	Ố	T	A	I	G
M	Í	L	I	N	Ấ	G	N	H	C	K	U	Ử	T	G	N
M	T	N	G	L	T	O	T	H	Ỗ	N	L	O	Ạ	N	Ộ
B	Ừ	I	U	G	Ư	G	Ử	D	P	Â	H	I	G	M	Đ
Ử	T	N	Ệ	I	Đ	Ợ	Q	P	P	H	Y	V	U	U	P
Q	N	Q	H	O	L	O	N	M	L	N	T	R	C	N	B
Ộ	N	Y	M	C	Q	N	G	G	U	T	B	K	K	T	C
Đ	N	T	V	Ố	V	K	B	A	C	Ạ	G	P	B	R	I
C	Ô	N	G	T	H	Ứ	C	V	T	H	M	Ậ	T	Đ	Ộ
Ố	R	G	Y	N	H	Y	T	C	B	Q	V	L	M	C	C
T	C	B	K	Ậ	Y	D	I	Q	D	H	V	B	I	P	K
C	N	Y	K	V	V	O	T	I	V	I	N	N	Y	R	L

GIA TỐC
NGUYÊN TỬ
HỖN LOẠN
HÓA CHẤT
MẬT ĐỘ
ĐIỆN TỬ
ĐỘNG CƠ
MỞ RỘNG
CÔNG THỨC
TẦN SỐ
KHÍ
TỪ TÍNH
KHỐI LƯỢNG
CƠ KHÍ
PHÂN TỬ
HẠT NHÂN
HẠT
TỐC ĐỘ
PHỔ
VẬN TỐC

28 - Coffee

D	H	U	C	Ọ	L	Ộ	B	V	O	Đ	T	Q	V	U	H
K	E	M	Ố	H	D	B	R	D	U	Ồ	N	Ư	Ớ	C	Y
K	O	B	C	D	Ấ	I	T	O	C	U	B	G	N	U	R
M	I	B	X	B	U	T	H	B	G	Ố	K	R	Q	B	R
O	U	V	A	T	M	Q	L	G	A	N	Q	Q	A	C	Q
L	Q	C	Y	Y	T	P	Y	Ỏ	E	G	I	N	G	V	H
H	A	B	P	L	H	H	L	B	N	E	Đ	O	O	H	K
L	U	U	P	G	Ơ	C	V	Á	I	G	N	Ờ	Ư	Đ	M
I	P	Ố	R	V	M	R	D	Q	E	N	N	V	U	H	G
N	A	Q	N	V	O	U	C	R	F	Á	T	Ắ	Q	C	T
G	Y	V	R	G	I	V	M	H	F	S	B	N	Đ	V	Y
N	T	L	A	Ữ	S	G	C	T	A	I	B	R	T	L	A
P	N	U	N	O	I	M	Y	P	C	Ổ	I	M	T	D	T
B	Ị	V	G	N	Ơ	Ư	H	A	Ố	U	C	M	G	U	M
O	U	Y	D	I	I	C	Q	G	G	B	R	U	N	I	I
H	R	Y	K	P	B	D	C	T	U	H	M	U	U	K	P

THƠM
ĐỒ UỐNG
ĐẮNG
ĐEN
CAFFEINE
KEM
CỐC
BỘ LỌC
HƯƠNG VỊ
XAY
CHẤT LỎNG
SỮA
BUỔI SÁNG
GỐC
GIÁ
RANG
ĐƯỜNG
UỐNG
NƯỚC

29 - Shapes

V	V	C	K	Đ	B	D	B	L	Ă	N	G	T	K	Y	K
Ò	N	M	Q	Ư	Y	O	Ê	T	A	M	G	I	Á	C	I
N	L	L	Y	Ờ	V	U	N	K	C	L	U	V	Y	O	M
G	N	U	C	N	H	Y	P	E	R	B	O	L	A	C	U
T	N	Y	Ó	G	G	N	Ờ	Ư	R	T	G	N	Ả	U	Q
R	B	Ò	G	C	M	H	Ó	N	R	V	D	C	V	A	P
Ò	O	H	V	O	V	M	B	N	B	A	G	P	A	V	C
N	T	C	V	N	P	Y	O	C	A	H	À	N	G	O	T
L	Y	C	L	G	V	Á	P	Ầ	P	O	H	Y	L	Q	D
V	N	V	Y	C	N	R	H	U	K	H	B	O	O	O	Y
P	D	B	B	H	Ì	N	H	T	R	Ụ	I	U	L	G	N
D	Q	D	P	N	A	D	N	Y	Ự	N	V	K	U	T	Q
Q	D	V	L	Ạ	V	V	G	N	U	T	K	Y	Q	C	M
G	N	I	T	C	M	H	P	Q	U	M	M	U	D	A	D
Đ	A	G	I	Á	C	P	K	U	E	S	P	I	L	L	E
H	Ì	N	H	C	H	Ữ	N	H	Ậ	T	R	D	K	A	B

CUNG
VÒNG TRÒN
NÓN
GÓC
ĐƯỜNG CONG
HÌNH TRỤ
CẠNH
ELLIPSE
HYPERBOLA
HÀNG
ĐA GIÁC
LĂNG
KIM TỰ THÁP
HÌNH CHỮ NHẬT
VÒNG
BÊN
CẦU
QUẢNG TRƯỜNG
TAM GIÁC

30 - Scientific Disciplines

N	G	Ô	N	N	G	Ữ	M	S	I	N	H	H	Ọ	C	K
S	H	N	Y	G	O	L	O	I	S	E	N	I	K	L	H
T	I	I	A	B	N	Q	K	N	Ễ	H	Q	H	H	U	Í
O	C	N	T	Â	M	L	Ý	V	M	N	V	C	Q	P	T
M	U	Í	H	K	Ơ	C	R	Q	C	H	D	N	G	O	Ư
S	V	C	I	L	H	Ó	A	S	I	N	H	Ị	C	C	Ợ
L	I	P	V	B	Ý	T	K	T	V	O	A	N	C	Ọ	N
K	K	N	L	H	T	H	N	I	K	N	Ầ	H	T	H	G
H	H	I	H	K	P	D	Ọ	N	D	D	Y	R	B	T	H
Ó	O	P	Q	T	M	Q	Y	C	R	B	U	G	I	Ấ	Ọ
A	Á	R	C	Ọ	H	N	Ă	V	N	Ê	I	H	T	H	C
H	N	Q	L	K	D	Á	X	Ã	H	Ộ	I	H	Ọ	C	P
Ọ	G	C	G	B	G	K	I	L	Q	O	D	V	B	A	U
C	G	I	Ả	I	P	H	Ẫ	U	H	Ọ	C	G	K	Ị	P
T	H	Ự	C	V	Ậ	T	H	Ọ	C	Q	G	Q	G	Đ	U
K	H	Ả	O	C	Ổ	H	Ọ	C	D	L	N	R	I	Y	I

GIẢI PHẪU HỌC
KHẢO CỔ HỌC
THIÊN VĂN HỌC
HÓA SINH
SINH HỌC
THỰC VẬT HỌC
HÓA HỌC
SINH THÁI
ĐỊA CHẤT HỌC
MIỄN DỊCH
KINESIOLOGY
NGÔN NGỮ
CƠ KHÍ
KHÍ TƯỢNG HỌC
KHOÁNG
THẦN KINH
SINH LÝ HỌC
TÂM LÝ
XÃ HỘI HỌC

31 - Science

C	C	T	Q	M	G	K	G	V	N	D	T	Ạ	H	T	M
Â	Y	D	Q	U	K	I	Y	O	C	L	H	P	U	I	P
Y	K	G	K	A	A	A	Ả	V	L	B	Ự	H	C	Ế	P
D	Ữ	L	I	Ệ	U	N	O	T	Q	H	C	Â	A	N	H
N	L	N	T	Q	Y	T	S	Y	H	L	T	N	H	H	Ư
T	Y	H	R	H	G	M	Y	Á	O	U	Ế	T	A	Ó	Ơ
N	Q	À	Ọ	U	G	L	M	C	T	Ậ	Y	Ử	C	A	N
Ê	D	K	N	Ả	S	G	N	Á	O	H	K	Ế	Ử	C	G
I	U	H	G	P	H	U	Y	P	B	Í	R	Y	T	Y	P
H	D	O	L	A	Ó	V	Q	N	N	H	D	Y	N	A	H
N	R	A	Ự	C	A	K	Ậ	U	I	K	B	U	Ê	P	Á
N	C	H	C	H	C	Ạ	H	T	A	Ó	H	U	Y	B	P
Ê	M	Ọ	K	Y	H	R	N	V	L	U	H	O	U	T	G
I	G	C	L	M	Ấ	R	N	C	P	Ý	A	M	G	K	D
H	K	P	Q	C	T	D	O	N	H	H	V	N	N	L	V
T	H	Í	N	G	H	I	Ệ	M	I	P	R	D	V	V	B

NGUYÊN TỬ
HÓA CHẤT
KHÍ HẬU
DỮ LIỆU
TIẾN HÓA
THÍ NGHIỆM
THỰC TẾ
HÓA THẠCH
TRỌNG LỰC
GIẢ THUYẾT
PHƯƠNG PHÁP
KHOÁNG SẢN
PHÂN TỬ
THIÊN NHIÊN
QUAN SÁT
HẠT
VẬT LÝ
CÂY
NHÀ KHOA HỌC

32 - Beauty

B	T	Y	G	T	U	B	K	P	R	L	I	V	L	K	Q
D	H	A	O	A	Y	U	C	A	I	I	V	O	U	R	G
I	A	R	A	C	S	A	M	Y	A	I	A	V	R	V	M
Ô	I	G	B	B	Ụ	M	À	U	M	Ỹ	P	H	Ẩ	M	O
M	Ị	N	Â	G	A	V	T	R	A	N	G	Đ	I	Ể	M
N	K	Ơ	Ă	N	Ả	N	H	K	É	O	H	A	K	Q	V
O	T	Ư	Y	Ọ	H	O	C	C	I	T	Ư	T	P	T	A
S	B	G	Y	R	V	D	Ị	Y	Ị	K	Ơ	T	D	V	N
P	Y	U	R	T	K	Ầ	L	V	T	D	N	G	K	I	M
Q	V	Q	D	G	V	U	H	K	R	I	G	N	A	R	T
C	U	L	Ầ	N	B	G	N	C	A	L	T	K	T	D	S
V	L	Y	U	A	B	Ộ	A	G	C	O	H	B	V	U	I
U	I	M	Ế	S	Y	I	H	L	R	D	Ơ	G	B	M	L
T	U	O	Q	N	Q	G	T	P	N	N	M	G	V	P	Y
T	Q	K	Y	A	R	L	R	L	K	D	A	Y	V	M	T
O	R	H	M	U	U	Ũ	Y	N	Q	G	C	U	R	L	S

QUYẾN RŨ
MÀU
MỸ PHẨM
CURLS
SANG TRỌNG
THANH LỊCH
HƯƠNG THƠM
ÂN
SON MÔI
TRANG ĐIỂM
MASCARA
GƯƠNG
DẦU
ĂN ẢNH
KÉO
DỊCH VỤ
DẦU GỘI
DA
MỊN
STYLIST

33 - Clothes

Y	I	T	L	V	M	O	K	L	G	L	V	O	Á	U	B
A	P	R	V	G	L	L	H	N	Á	C	O	Á	O	N	N
O	V	A	C	L	D	M	Ă	Ă	T	P	P	Q	S	Q	C
Y	Q	N	Á	T	G	Y	N	L	Q	A	T	Ũ	Ơ	U	M
G	G	G	O	G	H	C	Q	O	I	J	Ề	N	M	Ầ	U
A	P	S	K	Ă	V	L	U	C	I	A	D	T	I	N	P
P	M	Ứ	H	N	Q	Y	À	I	G	M	P	V	B	K	M
D	B	C	O	G	M	Q	N	N	U	A	Ạ	V	V	Q	Y
V	É	G	Á	T	U	U	G	N	A	R	T	I	Ờ	H	T
Á	Ò	P	C	A	M	Ầ	C	Y	Q	H	M	N	N	U	D
O	M	N	Q	Y	M	N	Ổ	T	H	Ắ	T	L	Ư	N	G
L	V	V	G	U	H	J	R	O	M	H	K	V	D	P	M
E	Q	Y	Y	C	V	E	Y	P	Y	M	T	Q	K	T	A
N	K	T	D	O	Ổ	A	Y	N	M	M	B	U	Q	V	V
G	P	V	G	H	B	N	N	O	B	M	C	C	Q	Á	A
K	O	Q	K	L	O	P	V	Ò	N	G	T	A	Y	Y	U

TẠP DỀ
THẮT LƯNG
ÁO CÁNH
VÒNG TAY
ĂN
THỜI TRANG
GĂNG TAY
MŨ
ÁO KHOÁC
QUẦN JEAN
TRANG SỨC
VÒNG CỔ
PAJAMA
QUẦN
DÉP
KHĂN QUÀNG CỔ
ÁO SƠ MI
GIÀY
VÁY
ÁO LEN

34 - Insects

C	K	L	T	L	A	D	Y	B	U	G	R	A	A	Q	R
A	À	Q	É	G	O	C	C	K	R	H	O	R	N	E	T
M	L	O	H	B	L	D	C	A	C	Ệ	I	B	H	A	L
Y	Y	Y	C	K	H	P	U	B	A	B	P	Ọ	L	R	N
B	C	I	Ọ	À	K	L	P	I	B	K	R	C	C	M	M
A	V	G	B	D	O	N	G	R	H	N	H	Á	I	P	Ố
A	K	G	C	O	N	V	E	S	Ầ	U	N	N	B	U	I
Ự	L	L	H	C	M	U	Ỗ	I	I	Ấ	O	H	H	M	A
G	I	Á	N	A	T	Â	O	R	Y	H	I	C	U	V	N
N	G	C	C	K	Y	S	N	L	K	C	G	Ứ	R	H	B
Ọ	B	A	U	I	Q	I	G	L	B	U	N	N	A	B	C
B	H	Ư	M	Ế	K	G	I	R	I	Â	G	G	V	G	V
P	C	M	Ớ	N	Q	Y	I	V	H	H	N	D	P	R	R
N	D	A	R	M	K	L	D	L	A	C	M	T	P	D	O
K	C	B	Ư	Ớ	M	Đ	Ê	M	Ấ	U	T	R	Ù	N	G
O	H	D	D	T	Q	C	O	N	O	N	G	C	V	I	D

KIẾN
RỆP
CON ONG
BỌ CÁNH CỨNG
BƯỚM
CON VE SẦU
GIÁN
BỌ CHÉT
CHÂU CHẤU
HORNET
LADYBUG
ẤU TRÙNG
CÀO CÀO
BỌ NGỰA
MUỖI
BƯỚM ĐÊM
MỐI
ONG
SÂU

35 - Astronomy

P	H	I	H	À	N	H	G	I	A	D	D	G	C	Y	D
Y	G	O	C	D	R	D	N	Y	Y	O	G	G	D	U	T
L	U	N	N	V	B	G	K	B	V	C	C	M	R	G	Y
H	À	N	H	T	I	N	H	D	O	M	N	M	G	M	V
P	O	A	A	H	T	Á	S	N	A	U	Q	I	À	Đ	Q
H	T	P	G	N	Ă	B	O	A	S	Y	B	T	V	T	L
N	O	G	N	Ă	R	T	T	Ặ	M	D	T	Ứ	G	Q	V
I	V	Ũ	T	R	Ụ	V	I	P	Ò	N	O	B	C	K	P
T	H	I	Ê	N	H	À	N	K	H	B	T	Ầ	A	X	I
N	N	Ổ	P	U	N	P	H	C	C	Â	Y	U	I	M	Ạ
Â	I	H	O	A	D	P	V	G	K	U	N	T	D	B	R
T	T	C	T	B	Ử	C	Â	U	P	H	G	R	O	Q	M
U	Ệ	O	L	B	I	L	N	D	V	Q	C	Ờ	Z	M	P
Ê	V	A	T	H	I	Ê	N	L	T	Ấ	Đ	I	Á	R	T
I	Q	S	M	Y	B	A	D	Ê	B	B	M	M	D	O	H
S	I	B	M	N	N	C	Ự	H	T	T	Ậ	H	N	T	C

PHI HÀNH GIA
THIÊN
SAO CHỔI
CHÒM SAO
VŨ TRỤ
TRÁI ĐẤT
NHẬT THỰC
PHẦN
THIÊN HÀ
SAO BĂNG
MẶT TRĂNG
TINH VÂN
ĐÀI QUAN SÁT
HÀNH TINH
BỨC XẠ
TÊN LỬA
VỆ TINH
BẦU TRỜI
SIÊU TÂN TINH
ZODIAC

36 - Health and Wellness #2

N	O	G	N	Ề	Y	U	R	T	I	D	B	C	Q	L	D
Ệ	H	C	R	M	G	N	Ỡ	Ư	D	H	N	I	D	N	U
I	N	I	V	G	N	D	H	C	Â	N	N	Ặ	N	G	K
V	I	Ồ	Ễ	L	Ẳ	P	B	H	P	C	N	B	Q	L	B
H	S	H	N	M	H	T	O	M	Y	P	P	Y	R	L	B
N	Ệ	C	Ă	H	T	L	T	T	Ấ	R	Q	N	I	R	L
Ệ	V	Ụ	N	Ă	G	R	P	M	L	T	L	Q	R	Q	K
B	N	H	G	N	N	G	Ù	U	V	H	N	Q	H	N	C
I	C	P	L	K	Ă	L	B	N	P	O	C	Ư	K	Q	D
B	V	L	Ư	I	C	Y	T	B	G	C	C	D	Ớ	R	Ị
M	K	I	Ợ	Ê	C	V	I	T	A	M	I	N	Q	C	Ứ
Á	K	Y	N	N	R	A	K	H	Ỏ	E	M	Ạ	N	H	N
U	N	R	G	G	N	R	L	B	Ệ	N	H	L	T	T	G
G	B	D	T	D	Q	H	G	O	M	N	Q	L	R	P	G
T	A	C	B	G	V	L	P	I	X	O	A	B	Ó	P	D
D	G	I	Ả	I	P	H	Ẫ	U	H	Ọ	C	M	L	B	T

DỊ ỨNG
GIẢI PHẪU HỌC
NGON
MÁU
CALO
MẤT NƯỚC
ĂN KIÊNG
BỆNH
NĂNG LƯỢNG
DI TRUYỀN
KHỎE MẠNH
BỆNH VIỆN
VỆ SINH
NHIỄM TRÙNG
XOA BÓP
DINH DƯỠNG
PHỤC HỒI
CĂNG THẲNG
VITAMIN
CÂN NẶNG

37 - Disease

M	I	T	Q	T	S	Q	H	N	Q	Q	R	P	U	O	M
D	Ầ	R	O	N	Y	Ứ	X	Ư	Ơ	N	G	H	B	G	I
Ị	B	M	T	G	C	B	C	T	U	P	L	Ổ	H	H	Ễ
Ứ	V	O	B	G	D	G	L	K	D	M	P	I	Ộ	A	N
N	Y	I	R	Ệ	O	N	Ẩ	U	H	K	I	V	I	T	D
G	M	O	G	V	N	I	L	Ế	Q	Ỏ	D	P	C	M	Ị
Q	B	O	R	V	N	H	P	Y	V	T	E	R	H	Ã	C
N	M	Y	T	I	T	R	Ị	L	I	Ệ	U	A	Ứ	N	H
A	B	M	P	Ê	H	P	C	G	C	D	T	N	N	T	R
H	O	C	G	M	Ễ	I	H	N	Y	Â	L	B	G	Í	C
Ô	N	M	L	C	R	D	U	Ư	U	R	T	Ụ	H	N	Ơ
H	X	G	A	H	G	D	N	L	N	G	R	N	P	H	T
Ấ	O	T	N	Ề	Y	U	R	T	I	D	A	G	Q	Y	H
P	A	U	L	Y	Y	N	A	Ắ	D	C	P	N	A	L	Ể
L	N	B	H	C	T	Q	B	H	Q	L	I	G	U	R	Q
N	G	A	Y	R	O	K	L	T	M	A	O	V	V	N	M

BỤNG
DỊ ỨNG
VI KHUẨN
CƠ THỂ
XƯƠNG
MÃN TÍNH
LÂY NHIỄM
SỨC KHỎE
TIM
DI TRUYỀN
MIỄN DỊCH
VIÊM
THẮT LƯNG
MẦM BỆNH
PHỔI
HÔ HẤP
XOANG
HỘI CHỨNG
TRỊ LIỆU
YẾU

38 - Time

Q	N	Q	B	G	N	Á	H	T	H	H	G	T	T	L	T
R	G	O	B	K	I	A	M	Ú	À	I	R	C	Ư	N	I
T	C	D	V	Y	B	Ờ	U	H	N	Ầ	U	T	Ơ	B	H
M	H	I	B	T	U	K	P	P	G	C	U	V	N	U	K
N	C	Ế	B	R	Ổ	O	Y	A	N	M	Ô	H	G	Ổ	A
V	Ị	L	K	O	I	V	À	T	Ă	M	C	P	L	I	A
Q	L	L	M	Ỷ	T	Y	G	B	M	Ă	N	R	A	S	M
D	I	N	D	K	R	G	N	R	Ê	G	B	N	I	Á	R
Y	G	A	C	P	Ư	L	P	T	Đ	V	L	T	U	N	C
R	B	O	U	Ậ	A	Y	N	A	K	B	R	P	N	G	T
R	M	G	N	H	H	Ô	M	Q	U	A	Â	C	V	N	R
C	Ớ	Ư	R	T	R	I	D	R	H	H	K	Y	C	D	G
M	S	H	C	A	I	O	I	L	L	K	O	P	G	B	Q
O	H	B	Y	R	L	A	H	K	B	N	P	L	M	I	O
U	Đ	Ồ	N	G	H	Ồ	I	P	H	C	H	P	Y	M	Ờ
Y	N	D	V	Y	B	M	K	B	D	C	H	M	V	P	T

HÀNG NĂM
TRƯỚC
LỊCH
THẾ KỶ
ĐỒNG HỒ
NGÀY
THẬP KỶ
TƯƠNG LAI
GIỜ
PHÚT

THÁNG
BUỔI SÁNG
ĐÊM
BUỔI TRƯA
BÂY GIỜ
SỚM
HÔM NAY
TUẦN
NĂM
HÔM QUA

39 - Buildings

D	U	Q	G	H	V	R	B	V	T	G	C	T	L	Đ	S
B	H	M	B	C	A	U	C	D	Y	A	Ă	R	Â	Ạ	Â
M	Ệ	T	Q	K	V	Ự	A	A	Q	R	N	Ư	U	I	N
Q	L	N	H	B	N	A	P	A	B	A	H	Ờ	Đ	S	V
O	K	R	H	Á	M	O	B	N	O	I	Ộ	N	À	Ứ	Ậ
N	R	I	R	V	P	R	Y	Q	A	H	N	G	I	Q	N
Ô	A	D	A	N	I	V	N	Y	Á	M	À	H	N	U	Đ
N	R	O	R	O	A	Ễ	U	M	U	P	D	Ọ	K	Á	Ộ
G	N	À	T	O	Ả	B	N	P	K	V	L	C	Q	N	N
T	Á	S	N	A	U	Q	I	À	Đ	L	U	Ọ	L	I	G
R	X	R	K	Y	V	U	S	I	Ê	U	T	H	Ị	H	N
Ạ	C	L	P	I	H	L	Ề	U	B	G	P	I	O	C	Q
I	Ú	Q	Y	K	H	Á	C	H	S	Ạ	N	Ạ	V	D	A
U	T	Á	H	P	Ạ	R	L	P	O	I	N	Đ	M	A	O
G	Ý	U	N	A	Y	N	D	U	D	R	L	L	I	D	D
V	K	V	U	R	H	B	V	H	L	V	Y	C	B	I	V

CĂN HỘ
VỰA
CABIN
LÂU ĐÀI
ĐẠI SỨ QUÁN
NHÀ MÁY
NÔNG TRẠI
GA-RA
BỆNH VIỆN
KÝ TÚC XÁ
KHÁCH SẠN
BẢO TÀNG
ĐÀI QUAN SÁT
TRƯỜNG HỌC
SÂN VẬN ĐỘNG
SIÊU THỊ
LỀU
RẠP HÁT
THÁP
ĐẠI HỌC

40 - Philanthropy

N	G	Ư	Ờ	I	T	Y	M	A	M	N	T	P	O	U	M
C	Ầ	M	E	Ẻ	R	T	Q	H	C	H	Ừ	N	I	B	Ụ
Ô	K	C	T	I	U	B	T	Q	N	Ó	T	I	Y	I	C
N	Ê	I	N	H	N	A	H	T	K	M	H	O	R	C	T
G	O	D	N	T	G	Q	Ụ	V	M	Ệ	I	H	N	H	I
C	C	M	A	P	T	I	I	Y	Q	K	Ệ	L	K	Ư	Ê
Ộ	V	N	H	Q	H	O	O	T	U	Y	N	N	M	Ơ	U
N	R	R	M	K	Ự	I	H	H	Ỹ	P	T	M	G	N	K
G	H	H	A	D	C	P	M	Ế	Y	O	Ặ	P	V	G	L
C	Ộ	N	G	Đ	Ồ	N	G	H	H	A	N	L	C	T	B
L	A	B	Í	I	U	H	C	Ệ	N	U	G	A	B	R	U
Y	Ị	P	M	H	N	H	Â	N	L	O	Ạ	I	P	Ì	U
T	L	C	Q	L	C	L	I	Ê	N	L	Ạ	C	L	N	A
M	L	O	H	Q	N	I	M	K	M	V	B	O	D	H	L
C	I	A	G	S	N	P	À	T	O	À	N	C	Ầ	U	G
Y	T	D	Q	G	Ử	K	B	T	T	Y	T	B	L	H	Q

TỪ THIỆN
TRẺ EM
CỘNG ĐỒNG
LIÊN LẠC
TẶNG
TÀI CHÍNH
QUỸ
THẾ HỆ
TOÀN CẦU
MỤC TIÊU
NHÓM
LỊCH SỬ
TRUNG THỰC
NHÂN LOẠI
NHIỆM VỤ
CẦN
NGƯỜI
CHƯƠNG TRÌNH
CÔNG CỘNG
THANH NIÊN

41 - Herbalism

T	T	M	I	D	V	D	U	N	T	R	V	H	L	K	O
H	H	K	Q	M	K	Y	P	G	A	H	V	Y	Á	T	U
O	Ự	I	V	Ị	V	G	N	Ơ	Ư	H	O	A	K	Q	K
A	C	R	I	P	N	K	Y	A	O	H	O	A	I	O	I
O	V	N	M	D	B	I	N	N	A	G	O	U	N	R	H
Ả	Ậ	V	Ơ	Ù	U	Ạ	M	C	C	P	P	I	H	E	Ú
I	T	N	H	T	I	U	C	Ự	H	T	M	Ẩ	G	G	N
H	N	P	T	Y	Â	T	Ệ	H	G	N	G	V	I	A	G
Ư	T	H	Ì	L	À	V	Â	P	À	Ờ	Q	H	Ớ	N	Q
Ơ	G	I	Ấ	M	K	I	P	Y	D	Ư	I	R	I	O	U
N	A	A	C	I	Q	R	L	M	Y	V	Q	D	P	K	Ế
G	P	N	H	Ó	R	O	S	E	M	A	R	Y	Q	L	A
Q	G	C	C	K	L	T	Ỏ	I	P	U	M	P	N	U	T
B	A	Y	Y	K	H	Ợ	T	H	À	N	H	P	H	Ầ	N
R	X	A	N	H	I	A	I	I	N	G	Y	I	D	T	Q
D	H	U	D	O	D	N	T	U	M	V	I	O	A	N	M

THƠM
HÚNG QUẾ
CÓ LỢI
ẨM THỰC
THÌ LÀ
HƯƠNG VỊ
HOA
VƯỜN
TỎI
XANH
THÀNH PHẦN
HOA OẢI HƯƠNG
LÁ KINH GIỚI
BẠC HÀ
OREGANO
MÙI TÂY
THỰC VẬT
ROSEMARY
NGHỆ TÂY
GIẤM

42 - Vehicles

X	O	T	L	K	X	X	G	Đ	Ộ	N	G	C	Ơ	T	Q
P	E	P	A	R	E	E	N	X	C	A	H	N	A	M	O
G	O	T	Q	P	Đ	C	M	L	E	V	O	T	C	R	I
A	B	P	Ả	P	I	Ứ	U	Y	R	Đ	B	V	K	A	Y
O	N	H	T	I	Ệ	U	R	M	O	K	Ạ	L	U	Ử	B
V	M	T	L	Ơ	N	T	N	A	H	R	T	P	Ố	L	T
A	V	X	R	H	N	H	H	O	U	M	À	H	P	E	B
T	A	E	T	E	G	Ư	B	V	M	Q	U	D	A	X	X
N	C	B	Y	X	Ầ	Ơ	D	A	Ử	L	N	Ê	T	H	E
A	D	U	A	Y	M	N	N	T	T	U	G	B	Y	B	T
U	B	Ý	B	È	N	G	M	Ề	O	K	Ầ	A	H	H	Ắ
A	H	T	Y	M	M	O	É	K	Y	Á	M	A	R	Q	C
H	H	T	Á	P	R	V	D	L	O	U	H	A	I	P	X
Q	H	V	M	A	R	G	I	K	G	G	H	K	Y	A	I
T	I	B	B	I	Y	U	N	T	K	V	H	T	M	Q	Q
U	C	C	A	R	A	V	A	N	X	E	T	A	Y	G	A

MÁY BAY
XE CỨU THƯƠNG
XE ĐẠP
THUYỀN
XE BUÝT
XE HƠI
CARAVAN
PHÀ
ĐỘNG CƠ
BÈ
TÊN LỬA
XE TAY GA
TÀU NGẦM
XE ĐIỆN NGẦM
XE TẮC XI
LỐP
MÁY KÉO
XE LỬA
XE TẢI
VAN

43 - Flowers

T	Ử	Đ	I	N	H	H	Ư	Ơ	N	G	I	C	H	R	P
D	A	Q	T	G	N	Ơ	Ư	H	I	Ả	O	A	O	H	O
A	A	M	J	A	S	M	I	N	E	R	T	L	A	C	P
I	T	I	U	O	I	N	C	T	N	I	L	G	L	O	P
S	Y	A	O	H	H	N	Á	C	I	K	H	O	O	K	Y
Y	P	D	I	Ó	K	H	E	H	O	P	T	G	A	G	H
V	R	T	Ụ	B	M	Â	D	D	O	L	N	B	K	G	O
B	Ồ	C	Ô	N	G	A	N	H	R	A	O	V	È	N	A
M	A	K	B	A	Y	I	Ê	T	A	A	H	D	N	Ơ	M
G	G	G	K	L	R	L	Y	K	T	I	G	Ồ	D	Ư	Ẫ
A	K	R	G	G	D	O	U	O	R	R	B	H	N	D	U
H	Y	V	H	N	H	N	H	H	R	E	A	P	T	G	Đ
N	V	D	Q	O	L	G	K	V	D	M	A	P	V	N	Ơ
V	P	B	K	H	L	A	I	A	L	U	M	P	A	Ớ	N
G	I	D	B	P	Y	M	Ờ	N	G	L	D	N	N	Ư	P
C	Ỏ	B	A	L	Á	B	L	K	M	P	Y	N	H	H	U

BÓ HOA
CỎ BA LÁ
DAISY
BỒ CÔNG ANH
GARDENIA
DÂM BỤT
JASMINE
HOA OẢI HƯƠNG
TỬ ĐINH HƯƠNG
HOA LOA KÈN
MAGNOLIA
PHONG LAN
HOA MẪU ĐƠN
CÁNH HOA
PLUMERIA
POPPY
HOA HỒNG
HƯỚNG DƯƠNG
LỜI KHUYÊN

44 - Health and Wellness #1

X	M	G	N	H	A	K	B	M	C	D	N	G	N	Q	Y
R	Ư	N	M	U	G	Q	G	A	K	A	C	B	L	Q	C
K	A	Ơ	G	I	K	C	H	Ấ	N	T	H	Ư	Ơ	N	G
M	A	Ư	N	B	B	Í	V	I	R	Ú	T	P	I	G	C
N	Q	X	T	G	O	A	C	U	Ề	I	H	C	A	O	Ố
P	Q	Y	Y	I	L	T	H	H	T	R	Ị	L	I	Ệ	U
V	A	Ã	R	N	P	H	R	Q	T	H	I	R	Ó	A	H
G	N	G	Ị	N	K	U	H	D	B	H	Y	R	Đ	C	T
N	G	K	P	R	C	Ố	O	H	Á	T	Í	Q	R	I	M
Ộ	D	B	K	V	T	C	K	G	C	R	H	C	T	Q	Ệ
Đ	M	V	I	K	H	U	Ẩ	N	S	C	D	P	H	H	I
T	H	Ư	G	I	Ã	N	Ề	P	Ĩ	Ơ	R	D	Y	T	T
Ạ	P	H	Ả	N	X	Ạ	M	I	H	B	O	H	U	N	Ố
O	T	H	Ó	I	Q	U	E	N	Đ	Ắ	I	K	D	U	M
H	N	B	I	U	U	B	L	C	U	P	B	C	L	B	D
I	Y	D	Â	Y	T	H	Ầ	N	K	I	N	H	I	L	P

HOẠT ĐỘNG
VI KHUẨN
XƯƠNG
BÁC SĨ
GÃY XƯƠNG
THÓI QUEN
CHIỀU CAO
KÍCH THÍCH TỐ
ĐÓI
CHẤN THƯƠNG
THUỐC
CƠ BẮP
DÂY THẦN KINH
TIỆM THUỐC
PHẢN XẠ
THƯ GIÃN
DA
TRỊ LIỆU
ĐIỀU TRỊ
VI RÚT

45 - Antarctica

R	O	B	I	Q	D	O	P	I	A	G	H	G	N	Y	I
B	N	V	R	M	Ô	I	T	R	Ư	Ờ	N	G	H	T	Y
Y	R	A	M	I	O	O	Đ	B	D	A	Ị	Đ	C	Ụ	L
Y	I	N	M	H	Q	V	A	Ị	L	V	V	I	G	C	K
H	R	A	R	C	T	Á	N	L	A	P	C	G	A	H	H
L	Q	A	U	O	I	C	I	B	Y	H	O	P	H	N	O
Y	Â	M	M	Á	Đ	M	Y	H	L	P	Ì	G	R	Á	Á
K	H	O	A	H	Ọ	C	B	C	P	C	Y	N	U	C	N
C	M	Q	G	U	D	G	Á	T	I	A	K	Y	H	M	G
O	C	Ô	I	M	A	G	N	Ă	B	G	N	Ô	S	I	S
R	P	M	N	N	Y	N	Đ	K	B	N	T	R	I	H	Ả
I	O	U	D	Đ	L	Ă	Ả	P	Ả	Y	Q	M	N	C	N
H	G	U	O	P	Ị	B	O	P	O	L	I	D	Ư	V	O
K	R	V	U	Ả	C	A	O	M	T	H	O	Y	Ớ	D	D
N	H	I	Ệ	T	Đ	Ộ	L	I	Ồ	V	D	O	C	B	L
M	A	Q	U	Q	Y	I	T	Ý	N	C	H	D	I	C	Ư

VỊNH
CHIM
ĐÁM MÂY
BẢO TỒN
LỤC ĐỊA
MÔI TRƯỜNG
MÔN ĐỊA LÝ
SÔNG BĂNG
BĂNG
ĐẢO
DI CƯ
KHOÁNG SẢN
CHIM CÁNH CỤT
BÁN ĐẢO
ROCKY
KHOA HỌC
NHIỆT ĐỘ
ĐỊA HÌNH
NƯỚC
CÁ VOI

46 - Fashion

B	O	A	I	N	I	V	C	K	H	G	I	C	B	B	R
B	P	D	H	P	L	R	A	Q	M	I	B	D	G	N	H
T	G	N	À	H	A	Ử	C	O	Đ	Ắ	T	U	P	P	A
Y	C	Ố	L	R	I	R	B	U	N	Ú	T	N	V	D	Y
H	U	Ấ	C	T	Ế	K	K	O	K	C	O	B	H	Q	I
K	T	H	A	N	H	L	Ị	C	H	T	H	Ự	C	T	Ế
P	H	V	Ả	I	A	Q	Y	N	U	G	P	N	Á	Q	M
H	G	I	T	U	P	K	Y	Q	G	Đ	O	I	C	U	R
Ả	X	Ạ	Ê	Ẫ	K	N	Q	T	R	H	N	A	G	Ầ	Y
I	U	Đ	A	M	R	E	N	N	L	Y	Ề	L	N	N	A
C	H	N	K	T	T	P	M	T	C	D	A	T	O	Á	N
H	Ư	Ệ	U	K	G	Ố	Q	K	Y	R	T	K	H	O	V
Ă	Ớ	I	O	D	P	B	N	P	H	V	N	Q	P	Ê	B
N	N	H	T	H	O	Ả	I	M	Á	I	O	N	G	L	U
G	G	I	V	B	L	U	P	T	L	L	Q	I	L	N	G
T	Ố	I	G	I	Ả	N	M	H	I	H	N	C	V	H	V

PHẢI CHĂNG
CỬA HÀNG
NÚT
QUẦN ÁO
THOẢI MÁI
THANH LỊCH
NGHỀ THÊU
ĐẮT
VẢI
REN
ĐO
TỐI GIẢN
HIỆN ĐẠI
KHIÊM TỐN
GỐC
MẪU
THỰC TẾ
PHONG CÁCH
KẾT CẤU
XU HƯỚNG

47 - Human Body

M	Q	A	B	M	O	N	Â	H	C	G	N	N	R	I	M
Y	U	A	U	U	I	Q	G	N	L	V	N	I	Y	A	P
Á	D	Y	L	D	M	N	N	Ó	C	Ổ	L	V	R	T	B
C	C	P	G	O	I	O	Ơ	M	N	Y	N	A	M	K	U
T	Ằ	L	K	D	Ệ	R	Ư	Ũ	U	T	M	U	B	A	R
Ắ	A	M	I	T	N	U	X	I	N	K	A	G	Ó	Đ	U
M	V	À	G	L	G	C	T	L	A	G	D	Y	C	Ố	U
B	T	H	V	B	Q	V	U	C	M	O	I	A	P	I	R
V	T	C	H	B	V	M	C	K	M	O	V	T	P	M	R
V	A	U	B	N	A	R	Q	L	U	A	P	U	G	Ặ	Q
H	Y	A	A	G	I	Ố	G	U	Ầ	Đ	G	Ỷ	A	T	R
A	B	G	L	M	G	A	I	M	K	D	N	U	L	U	D
M	M	O	P	O	Y	O	T	D	M	U	D	H	O	O	L
K	K	G	T	G	N	H	L	R	Y	R	Q	K	Q	L	N
M	Á	U	Ầ	Đ	D	V	G	B	G	B	K	D	R	N	Y
C	H	R	L	P	C	N	D	A	Q	U	O	R	M	B	L

MẮT CÁ
MÁU
XƯƠNG
ÓC
CẰM
TAI
KHUỶU TAY
ĐỐI MẶT
NGÓN TAY
TAY
ĐẦU
TIM
HÀM
ĐẦU GỐI
CHÂN
MIỆNG
CỔ
MŨI
VAI
DA

48 - Musical Instruments

Đ	A	B	M	I	R	A	M	G	A	M	B	Q	Q	K	T
I	À	P	Ầ	L	Ụ	C	L	Ạ	C	A	L	L	C	K	R
K	P	N	C	O	G	N	D	A	K	N	O	B	I	I	O
U	B	U	G	N	Ố	R	T	N	R	D	T	N	I	N	M
R	T	I	N	H	M	U	G	L	I	O	R	I	I	O	B
C	D	L	Ơ	G	I	Ù	Đ	G	H	L	T	N	U	A	O
Q	H	K	Ư	C	R	T	G	I	C	I	Y	C	I	T	N
U	K	I	D	Ạ	E	A	A	M	T	N	B	V	P	E	E
S	Á	O	Ê	H	V	L	S	A	X	O	P	H	O	N	E
S	U	N	O	N	B	G	L	Q	M	D	O	M	Y	I	R
A	Q	Q	Y	N	G	M	I	O	L	H	Đ	O	T	R	Y
B	B	T	Y	À	N	Y	Y	C	I	U	À	K	V	A	T
K	L	R	B	D	Ô	C	G	I	Y	B	N	G	V	L	M
O	U	K	G	U	U	Y	Q	L	O	V	H	D	K	C	V
I	Y	È	Õ	D	H	M	H	O	M	U	Ạ	A	M	G	I
M	K	N	L	N	C	R	V	N	I	L	C	T	A	P	M

BASS
DÀN NHẠC
CELLO
CHUÔNG
CLARINET
TRỐNG
ĐÙI
SÁO
CHIÊNG
ĐÀN GHI TA
ĐÀN HẠC
MANDOLIN
MARIMBA
GÕ
DƯƠNG CẦM
SAXOPHONE
LỤC LẠC
TROMBONE
KÈN

49 - Fruit

O	Đ	À	O	I	N	Q	N	V	Y	Q	P	Y	B	L	I
Y	O	À	Đ	N	Â	U	X	Y	Â	C	D	I	Y	T	B
G	D	N	O	M	Y	Ả	I	K	Q	G	T	D	D	O	R
Y	H	M	B	N	A	A	G	C	B	Y	L	O	G	Y	P
M	A	R	K	H	G	N	Ọ	M	Ả	U	Q	Ê	D	P	G
M	Y	C	Q	O	D	H	N	Ì	H	N	A	H	C	Ừ	T
C	Q	G	D	O	Ứ	Đ	Y	D	B	T	Q	U	O	Q	A
H	U	B	O	N	A	À	M	I	Q	H	C	H	T	H	U
U	Ả	N	N	I	À	O	X	I	Á	R	T	A	L	Y	U
Ố	M	D	K	Ổ	L	H	G	Ô	K	O	N	T	Á	O	M
I	Ơ	B	I	Á	R	T	Q	X	N	Q	G	M	A	M	O
M	Ủ	M	U	D	D	M	P	M	Q	Q	Q	G	N	P	D
Y	Đ	O	N	I	D	Ư	V	Â	M	L	A	B	C	C	L
Q	U	Ả	K	I	W	I	A	M	O	O	O	P	L	D	P
O	Đ	K	C	M	D	I	V	L	O	C	G	P	C	U	H
T	D	A	U	G	Q	R	K	V	C	K	L	A	Y	Y	T

TÁO
QUẢ MƠ
TRÁI BƠ
CHUỐI
QUẢ MỌNG
QUẢ ANH ĐÀO
DỪA
HÌNH
NHO
ỔI
QUẢ KIWI
CHANH
TRÁI XOÀI
DƯA
CÂY XUÂN ĐÀO
ĐU ĐỦ
ĐÀO
LÊ
DỨA
MÂM XÔI

50 - Virtues #1

N	C	N	N	O	H	D	A	G	C	H	P	I	R	T	K
Ẫ	G	K	H	Ô	N	N	G	O	A	N	C	R	R	Ư	H
H	M	H	N	Ị	Đ	T	Ế	Y	U	Q	R	K	C	Ở	I
N	A	I	Ệ	Y	C	V	O	K	N	Y	V	R	L	N	Ê
N	Ò	Q	D	T	H	H	Ữ	U	Í	C	H	U	D	G	M
Ê	M	M	A	Đ	H	Q	U	Y	Ế	N	R	Ũ	L	T	T
I	Ò	I	A	P	Ả	U	Q	U	Ệ	I	H	C	D	Ư	Ố
K	T	V	B	N	N	L	Ậ	M	Q	H	P	T	Ọ	Ợ	N
K	A	U	A	C	Y	I	Q	T	G	L	M	L	N	N	L
G	Đ	T	H	Ô	N	G	M	I	N	H	K	L	D	G	C
A	L	Ộ	L	Y	B	I	K	T	P	G	T	I	Ẹ	R	T
N	P	B	C	G	T	T	G	N	Ố	C	A	N	P	I	U
G	Q	Y	H	L	Q	B	H	O	T	T	R	G	N	A	M
H	Q	O	A	H	Ậ	B	U	Ồ	N	C	Ư	Ờ	I	V	T
T	H	Ự	C	T	Ế	P	R	Ộ	N	G	L	Ư	Ợ	N	G
Đ	Á	N	G	T	I	N	C	Ậ	Y	I	I	Y	R	T	M

NGHỆ THUẬT
QUYẾN RŨ
DỌN DẸP
TÒ MÒ
QUYẾT ĐỊNH
HIỆU QUẢ
BUỒN CƯỜI
RỘNG LƯỢNG
TỐT
HỮU ÍCH
TƯỞNG TƯỢNG
ĐỘC LẬP
THÔNG MINH
KHIÊM TỐN
ĐAM MÊ
KIÊN NHẪN
THỰC TẾ
ĐÁNG TIN CẬY
KHÔN NGOAN

51 - Engineering

G	P	G	D	D	D	C	C	M	D	Q	Q	N	G	G	Ơ
M	V	A	O	I	K	B	I	D	P	V	G	D	G	Ó	C
O	A	T	U	Ố	E	A	K	Ế	T	C	Ấ	U	N	Y	G
Đ	Ẩ	Y	D	H	T	S	Q	U	G	K	L	O	Ă	T	N
K	P	I	U	P	T	M	E	U	Y	Q	V	I	R	R	Ộ
S	Ơ	Đ	Ồ	N	P	H	Q	L	K	Q	I	H	H	Ụ	Đ
L	K	H	U	Â	S	Ộ	Đ	K	N	N	A	Y	N	C	O
N	Á	O	T	H	N	Í	T	N	Ă	O	C	Y	Á	M	B
C	X	T	T	P	T	Q	H	A	N	H	G	B	B	G	B
A	H	Â	A	K	H	N	Í	K	G	N	Ờ	Ư	Đ	O	Y
Y	N	Ấ	Y	Ẩ	B	N	Ò	Đ	L	D	V	Q	O	G	A
N	Ị	O	T	D	Q	L	L	V	Ư	O	T	K	L	C	K
M	Đ	D	H	L	Ự	Q	L	Q	Ợ	G	C	R	A	G	B
B	N	B	H	N	Ỏ	N	I	I	N	C	V	P	C	Q	Y
O	Ổ	T	M	L	L	N	G	O	G	G	T	U	H	B	N
S	Ứ	C	M	Ạ	N	H	G	P	A	Q	Q	A	Q	I	R

GÓC
TRỤC
TÍNH TOÁN
XÂY DỰNG
ĐỘ SÂU
SƠ ĐỒ
ĐƯỜNG KÍNH
DIESEL
PHÂN PHỐI
NĂNG LƯỢNG
BÁNH RĂNG
ĐÒN BẨY
CHẤT LỎNG
MÁY
ĐO
ĐỘNG CƠ
ĐẨY
ỔN ĐỊNH
SỨC MẠNH
KẾT CẤU

52 - Government

C	M	T	K	L	U	D	O	C	Q	R	V	V	U	T	O
Ủ	H	C	N	Â	D	Q	T	D	U	U	P	A	Ể	Ư	P
B	N	Í	G	T	Ự	D	O	A	Ố	T	A	U	I	P	K
N	Ì	O	N	Ậ	U	Q	I	I	C	I	V	Y	B	H	Y
T	B	G	A	H	M	M	D	G	T	M	R	R	T	Á	Q
T	A	P	B	V	T	O	O	C	Ị	D	G	C	Á	P	K
L	Ò	Á	U	D	Ậ	R	N	Ố	C	C	N	O	H	Q	R
L	H	H	Ể	D	U	I	Ị	U	H	U	Ẳ	C	P	U	V
T	Ã	P	I	Q	L	I	K	Q	M	M	Đ	L	Ậ	L	K
H	L	N	T	I	A	V	R	R	N	E	H	I	L	P	D
Ả	T	Ế	H	H	H	G	N	Ằ	B	G	N	Ô	C	Ự	S
O	G	I	H	Đ	K	C	N	M	L	K	Ì	T	Ộ	N	B
L	B	H	O	G	Ạ	D	R	Y	K	A	B	Y	Đ	R	G
U	V	O	P	N	Y	O	B	I	Ể	U	T	Ư	Ợ	N	G
Ậ	D	Â	N	S	Ự	B	D	Q	Y	L	I	G	K	M	Q
N	Y	N	T	M	H	Q	K	D	O	U	N	V	A	K	M

QUỐC TỊCH
DÂN SỰ
HIẾN PHÁP
DÂN CHỦ
THẢO LUẬN
QUẬN
BÌNH ĐẲNG
ĐỘC LẬP
TƯ PHÁP
SỰ CÔNG BẰNG
LUẬT
LÃNH ĐẠO
TỰ DO
MONUMENT
QUỐC GIA
HÒA BÌNH
CHÍNH TRỊ
PHÁT BIỂU
TIỂU BANG
BIỂU TƯỢNG

53 - Art Supplies

T	Ẩ	Y	I	O	U	O	T	G	N	Ở	Ư	T	Ý	Đ	G
N	U	U	Ấ	C	T	T	Ì	H	C	T	Ú	B	R	Ấ	B
H	N	Y	S	I	B	G	H	Ế	Ớ	G	I	I	A	T	A
I	I	G	Á	L	G	N	N	A	Ư	K	A	Ả	M	S	D
K	I	M	N	Y	O	A	Ả	V	N	À	B	H	D	É	U
M	Q	C	G	R	K	O	Y	P	Ơ	M	Ự	C	K	T	D
À	H	T	T	C	N	T	Á	T	S	K	I	N	A	L	P
U	U	H	Ạ	A	V	M	M	P	V	I	A	À	D	O	B
S	O	V	O	N	V	E	T	T	C	Y	Q	B	D	Y	Y
Ắ	L	G	E	H	M	A	L	G	C	H	V	B	G	C	U
C	T	N	K	O	B	S	M	À	U	N	Ư	Ớ	C	O	C
T	I	O	Y	K	Q	E	U	Q	M	N	Y	B	O	V	T
Q	D	T	P	G	D	L	V	K	H	T	R	R	Y	H	Q
Q	G	Ầ	G	P	K	A	I	U	C	U	R	T	G	Q	P
B	Q	T	U	L	I	T	O	G	I	C	L	L	I	Q	U
O	H	K	H	R	Q	L	A	V	D	L	R	P	C	P	L

ACRYLIC
BÀN CHẢI
MÁY ẢNH
GHẾ
THAN
ĐẤT SÉT
MÀU SẮC
SÁNG TẠO
EASEL
TẨY
KEO
Ý TƯỞNG
MỰC
DẦU
SƠN
GIẤY
BÚT CHÌ
BÀN
NƯỚC
MÀU NƯỚC

54 - Science Fiction

V	R	B	I	G	L	Q	P	Y	C	R	N	Ẩ	Í	B	D
D	I	O	T	P	D	T	D	I	Ớ	I	G	Ế	H	T	R
A	D	P	H	A	Q	R	H	R	P	R	U	C	R	Y	O
R	M	Y	N	A	Ệ	L	A	G	O	P	Y	K	Q	C	M
M	M	L	I	T	H	I	Ê	N	H	À	Ê	C	L	P	H
L	Ử	A	T	Ấ	G	D	Ô	V	A	V	N	C	C	Q	K
O	P	T	H	H	N	N	R	X	P	M	T	B	A	Q	Y
K	Y	E	N	C	G	N	Ổ	D	A	P	Ử	R	P	B	H
B	H	L	À	A	N	N	O	V	K	X	P	C	D	A	I
S	Á	C	H	Ó	Ô	K	C	U	M	U	T	O	P	I	A
P	B	A	Á	H	C	H	H	R	U	R	Q	L	K	P	L
B	M	R	N	I	Ờ	V	T	Ệ	Y	U	T	Y	P	O	G
Q	B	O	R	Á	G	N	Ợ	Ư	T	G	N	Ở	Ư	T	N
D	U	C	C	H	I	O	P	A	K	Y	Q	O	Y	S	Ơ
M	L	R	N	N	O	I	Ả	D	P	H	C	C	H	Y	Ư
O	U	K	B	I	V	H	C	C	Ự	C	O	O	U	D	T

NGUYÊN TỬ
SÁCH
HÓA CHẤT
NHÁI
XA XÔI
DYSTOPIA
NỔ
CỰC
TUYỆT VỜI
LỬA
TƯƠNG LAI
THIÊN HÀ
ẢO GIÁC
TƯỞNG TƯỢNG
BÍ ẨN
ORACLE
HÀNH TINH
CÔNG NGHỆ
UTOPIA
THẾ GIỚI

55 - Geometry

T	H	V	T	N	R	K	H	V	D	R	L	O	A	G	M
L	A	Y	C	H	Y	G	N	Ợ	Ư	L	I	Ố	H	K	L
N	U	M	T	B	P	I	Ì	M	N	A	V	C	V	V	P
G	L	G	G	I	G	P	B	C	Y	M	Ý	L	P	Ợ	H
T	V	I	I	I	B	T	G	N	G	Ó	C	Ú	H	K	Ư
G	C	P	T	I	Á	V	N	Á	U	I	I	I	M	Y	Ơ
T	I	Q	A	M	I	C	U	O	N	H	B	R	K	H	N
N	V	D	A	R	N	Ò	R	T	G	N	Ò	V	U	Đ	G
C	R	D	C	Ớ	Ư	H	T	H	C	Í	K	N	Y	Ư	T
U	B	N	N	H	Q	B	N	N	D	Q	P	Y	N	Ờ	R
I	R	M	G	Q	I	S	Ố	Í	G	L	I	A	D	N	Ì
P	Y	P	T	Ặ	M	Ề	B	T	Ỷ	L	Ệ	P	B	G	N
O	Y	N	Y	T	Ế	Y	U	H	T	C	Ọ	H	T	K	H
Y	K	R	O	T	G	N	O	C	G	N	Ờ	Ư	Đ	Í	C
Đ	Ố	I	X	Ứ	N	G	G	N	A	G	N	N	M	N	K
L	K	T	G	G	N	O	S	G	N	O	S	R	C	H	R

GÓC
TÍNH TOÁN
VÒNG TRÒN
ĐƯỜNG CONG
ĐƯỜNG KÍNH
KÍCH THƯỚC
PHƯƠNG TRÌNH
CHIỀU CAO
NGANG
HỢP LÝ
KHỐI LƯỢNG
TRUNG BÌNH
SỐ
SONG SONG
TỶ LỆ
KHÚC
BỀ MẶT
ĐỐI XỨNG
HỌC THUYẾT
TAM GIÁC

56 - Creativity

B	C	N	L	L	P	O	T	T	Ấ	V	K	M	O	O	C
V	K	K	M	Ỏ	G	O	I	Ầ	N	M	I	K	V	Ạ	Ả
C	B	O	N	M	N	P	C	M	T	Á	H	P	Ự	T	M
Ự	A	R	P	Q	Ở	G	Ả	N	Ư	S	Y	M	T	G	G
H	N	O	T	G	Ư	N	M	H	Ợ	Ứ	L	C	K	N	I
T	B	Y	V	A	T	À	H	Ì	N	C	A	B	L	Á	Á
C	R	Ả	N	H	Ý	R	Ứ	N	G	S	U	U	G	S	C
Á	Ư	Ự	B	K	U	Õ	N	L	N	Ố	L	H	N	N	Ú
X	Q	Ờ	C	C	Q	R	G	G	Ă	N	D	B	G	K	X
H	I	B	N	G	I	C	R	N	N	G	A	A	H	H	M
N	Y	D	B	G	I	O	G	M	Ỹ	L	G	G	Ệ	K	Ả
Í	A	L	C	I	Đ	Á	A	K	K	U	H	Q	T	Ị	C
T	G	M	C	C	Q	Ộ	C	N	O	R	T	G	H	C	M
B	I	Ể	U	H	I	Ệ	N	N	R	R	Y	I	U	H	V
P	Q	Q	Q	V	V	D	Q	Y	O	G	H	Y	Ậ	Q	D
R	G	V	I	B	L	A	I	Ổ	Đ	Y	A	H	T	K	H

NGHỆ THUẬT
TÍNH XÁC THỰC
THAY ĐỔI
RÕ RÀNG
KỊCH
CẢM XÚC
BIỂU HIỆN
LỎNG
Ý TƯỞNG
ẢNH

ẤN TƯỢNG
CẢM HỨNG
CƯỜNG ĐỘ
TRỰC GIÁC
SÁNG TẠO
CẢM GIÁC
KỸ NĂNG
TỰ PHÁT
TẦM NHÌN
SỨC SỐNG

57 - Airplanes

A	I	B	G	M	N	À	O	Đ	H	N	À	H	I	H	P
T	Ạ	U	Q	H	N	Á	C	A	V	Y	D	À	D	U	M
K	H	Ệ	M	O	M	N	P	O	I	V	N	N	V	G	B
T	K	I	L	P	R	O	A	R	N	A	M	H	Q	H	R
M	U	L	Ế	D	O	D	P	H	Ó	N	G	K	B	M	H
I	D	N	Y	T	T	M	Y	Í	A	R	I	H	Ầ	D	Ạ
N	B	Ê	P	T	K	Ử	S	H	C	Ị	L	Á	U	N	X
N	N	I	H	T	P	Ế	G	K	T	D	A	C	T	C	U
H	Q	H	R	M	Đ	Ộ	N	G	C	Ơ	K	H	R	H	Ố
I	T	N	G	R	M	A	Ớ	N	N	U	U	L	Ờ	I	N
Ễ	U	A	N	T	K	A	Ư	Ô	Đ	Ó	H	N	I	Ề	G
U	P	I	Ô	L	H	N	H	H	Ổ	K	B	Q	G	U	D
L	Đ	Ộ	C	A	O	A	M	K	B	G	L	V	M	C	U
O	K	M	I	U	V	G	R	O	Ộ	L	G	L	H	A	C
Ạ	C	O	H	X	Â	Y	D	Ự	N	G	B	G	O	O	B
N	C	C	P	N	Y	G	P	U	P	V	K	I	M	P	H

ĐỘ CAO
KHÔNG KHÍ
BÓNG
XÂY DỰNG
PHI HÀNH ĐOÀN
HẠ XUỐNG
THIẾT KẾ
HƯỚNG
ĐỘNG CƠ
NHIÊN LIỆU
CHIỀU CAO
LỊCH SỬ
HYDRO
ĐỔ BỘ
PHÓNG
HÀNH KHÁCH
PHI CÔNG
CÁNH QUẠT
BẦU TRỜI
NHIỄU LOẠN

58 - Ocean

B	V	G	O	U	D	D	Q	A	P	H	H	M	C	T	C
I	Ạ	N	Ể	I	B	G	N	O	R	Ù	A	U	H	N	Á
C	G	C	B	Y	P	B	A	R	N	N	U	Ố	D	Ể	H
A	O	O	H	M	K	K	O	U	U	R	C	I	P	I	E
A	K	H	T	T	I	K	V	Ề	P	Á	T	O	Ã	B	O
C	N	R	C	O	U	U	O	I	Ạ	L	Ả	R	T	T	R
L	Ư	Ơ	N	V	A	Ộ	A	R	U	D	O	A	P	Ọ	S
R	H	Y	Y	D	U	U	C	T	K	G	U	O	U	B	A
N	K	D	L	A	I	N	G	Y	T	H	D	I	D	À	N
U	Q	Ừ	Q	P	L	C	H	Ủ	L	H	Q	O	H	N	H
K	D	G	T	Ô	M	O	B	H	L	N	C	B	H	R	Ô
V	C	N	V	Y	H	M	M	T	K	B	Á	P	V	U	N
R	D	Á	C	U	L	A	Y	U	I	T	V	K	S	Ứ	A
B	L	C	M	V	Y	I	N	R	M	U	O	B	B	T	R
M	Y	V	Y	Ậ	L	T	M	O	I	I	I	H	T	H	K
O	P	C	T	V	P	G	O	Y	C	I	I	P	M	M	U

TẢO
SAN HÔ
CUA
CÁ HEO
LƯƠN
CÁ
SỨA
BẠCH TUỘC
HÀU
TRẢ LẠI

MUỐI
RONG BIỂN
CÁ MẬP
TÔM
BỌT BIỂN
BÃO TÁP
THỦY TRIỀU
CÁ NGỪ
RÙA
CÁ VOI

59 - Force and Gravity

M	Ở	R	Ộ	N	G	U	H	Ý	L	T	Ậ	V	R	M	S
A	G	T	V	N	U	T	K	A	H	Í	M	C	Q	M	Ứ
I	C	D	G	M	N	Q	O	O	Q	N	A	Â	I	T	C
A	M	B	B	Q	M	C	N	H	O	H	S	N	K	M	É
D	Q	T	Ố	C	Đ	Ộ	Q	U	Ổ	C	Á	N	H	O	P
C	L	N	Ă	N	G	Đ	Ộ	N	G	H	T	Ặ	O	H	A
Ụ	Ư	K	V	L	T	A	O	K	A	Ấ	P	N	Ả	Q	M
R	O	Ờ	C	G	A	A	H	D	P	T	A	G	N	U	I
T	U	K	N	B	M	Â	T	G	N	U	R	T	G	Ỹ	D
M	M	Y	H	G	C	Á	H	P	M	Á	H	K	C	Đ	R
L	P	I	O	N	Đ	Q	Ờ	N	K	T	N	Y	Á	Ạ	V
C	Ử	Đ	Ộ	N	G	Ộ	I	I	Í	H	K	Ơ	C	O	K
Q	O	D	P	K	Y	Y	G	N	L	T	C	G	H	K	C
D	A	M	A	P	O	N	I	I	L	G	Ừ	P	N	V	A
U	V	B	Y	A	O	H	A	D	B	U	K	T	I	Đ	À
O	M	N	H	V	N	V	N	Y	N	L	A	M	H	U	C

TRỤC
TRUNG TÂM
KHÁM PHÁ
KHOẢNG CÁCH
NĂNG ĐỘNG
MỞ RỘNG
MA SÁT
TỪ TÍNH
CƯỜNG ĐỘ
CƠ KHÍ
ĐÀ
CỬ ĐỘNG
QUỸ ĐẠO
VẬT LÝ
SỨC ÉP
TÍNH CHẤT
TỐC ĐỘ
THỜI GIAN
PHỔ
CÂN NẶNG

60 - Birds

O	T	C	U	G	B	T	G	I	P	U	U	N	C	D	D
B	D	M	A	A	G	N	Ỗ	G	N	C	R	G	O	M	Y
G	K	U	Q	M	À	N	Y	M	D	G	Q	O	N	Y	I
Q	M	V	B	V	V	U	Ứ	T	V	V	Y	N	Q	H	H
Y	A	C	L	Y	Y	V	Y	R	A	N	A	C	U	H	G
V	C	O	Q	G	A	Q	D	B	T	A	M	M	Ạ	K	Đ
G	U	A	V	D	A	V	P	V	Ị	D	M	P	R	Y	Ạ
Q	C	T	Q	A	Q	O	H	I	V	K	U	V	M	C	I
B	Ồ	N	Ô	N	G	T	Ẹ	V	N	O	C	M	L	Ò	B
C	H	I	M	S	Ẻ	Y	H	A	G	M	M	B	L	I	À
V	Ệ	B	A	C	N	Ê	A	I	U	Ể	I	Đ	À	Đ	N
R	M	I	Q	K	D	U	O	P	Ê	Y	H	Q	K	U	G
Đ	K	R	D	T	O	U	C	A	N	N	C	R	N	O	N
C	H	I	M	C	Á	N	H	C	Ụ	T	N	C	H	I	Ô
K	Q	O	M	I	L	G	Q	C	G	I	P	G	D	Q	C
U	D	H	Q	D	U	I	R	O	G	N	I	M	A	L	F

CANARY
GÀ
CON QUẠ
CHIM CU
YÊU
VỊT
ĐẠI BÀNG
TRỨNG
FLAMINGO
NGỖNG
DIỆC
ĐÀ ĐIỂU
CON VẸT
CÔNG
BỒ NÔNG
CHIM CÁNH CỤT
CHIM SẺ
CÒ
THIÊN NGA
TOUCAN

61 - Nutrition

K	C	H	Ấ	T	L	Ỏ	N	G	N	Ư	Ớ	C	X	Ố	T
I	Q	O	B	H	L	Ị	C	N	C	O	L	I	P	N	S
P	N	Q	T	C	K	V	H	Ằ	G	A	O	T	D	M	Ứ
Ă	N	K	I	Ê	N	G	Ấ	B	Q	N	T	I	O	U	C
H	C	C	N	B	I	N	T	N	D	C	H	Ê	N	B	K
Đ	I	K	A	C	M	Ơ	L	Â	V	A	Ó	U	M	L	H
C	Ộ	L	D	A	A	Ư	Ư	C	Q	R	I	H	G	Ê	Ỏ
R	U	C	Q	L	T	H	Ợ	M	G	B	Q	Ó	L	N	E
P	Q	T	T	O	I	K	N	I	N	O	U	A	L	M	L
T	Ă	K	Y	Ố	V	T	G	C	Ặ	H	E	D	R	E	C
N	R	N	P	R	O	T	E	I	N	Y	N	B	K	N	U
Đ	L	O	Đ	I	Y	P	K	R	N	D	Q	M	B	A	K
V	Ắ	G	L	Ư	L	R	G	U	Â	R	C	B	H	A	R
M	B	N	N	H	Ợ	P	R	B	C	A	O	Q	A	I	A
H	I	H	G	G	Q	C	H	L	M	T	R	B	R	U	V
T	Q	K	H	Ỏ	E	M	Ạ	N	H	E	O	L	T	Q	I

NGON
CÂN BẰNG
ĐẮNG
CALO
CARBOHYDRATE
ĂN KIÊNG
TIÊU HÓA
ĂN ĐƯỢC
LÊN MEN
HƯƠNG VỊ
THÓI QUEN
SỨC KHỎE
KHỎE MẠNH
CHẤT LỎNG
PROTEIN
CHẤT LƯỢNG
NƯỚC XỐT
ĐỘC TỐ
VITAMIN
CÂN NẶNG

62 - Hiking

I	C	P	U	D	B	O	R	M	B	I	L	O	M	H	H
Q	K	U	M	H	B	I	Ờ	R	T	T	Ặ	M	Ố	Ư	O
U	M	H	P	R	U	L	N	G	Y	Ệ	G	C	I	Ớ	A
V	C	H	T	O	Y	R	N	M	Y	T	M	Ô	N	N	N
D	G	V	Á	M	L	A	R	G	N	K	U	N	G	G	G
U	N	Ồ	Đ	N	Ả	B	Đ	Á	M	A	Ỗ	G	U	D	D
G	Ớ	N	H	B	U	I	I	I	H	O	I	V	Y	Ẫ	Ã
N	Ư	Ớ	C	T	Ậ	V	G	N	Ộ	Đ	U	I	H	N	P
Ặ	H	I	Á	C	H	U	Ẩ	N	B	Ị	T	Ê	I	O	T
N	H	V	V	C	Í	Y	P	V	Ố	N	T	N	Ể	L	A
I	N	V	R	Ắ	H	U	D	N	B	Y	C	Y	M	H	I
B	Ị	C	K	M	K	A	R	L	Ú	K	À	Q	N	G	M
G	Đ	C	K	T	G	K	G	I	M	I	V	I	M	R	L
Q	Ự	D	T	R	H	P	L	C	A	V	A	H	G	R	D
V	S	D	K	Ạ	G	T	N	Q	I	K	N	M	Y	C	C
K	A	N	Ê	I	H	N	N	Ê	I	H	T	U	I	O	C

ĐỘNG VẬT
GIÀY ỐNG
CẮM TRẠI
VÁCH ĐÁ
KHÍ HẬU
HƯỚNG DẪN
MỐI NGUY HIỂM
NẶNG
BẢN ĐỒ
MUỖI
NÚI
THIÊN NHIÊN
SỰ ĐỊNH HƯỚNG
CÔNG VIÊN
CHUẨN BỊ
ĐÁ
MẶT TRỜI
MỆT
NƯỚC
HOANG DÃ

63 - Professions #1

V	K	O	U	I	V	G	Ư	S	T	Ậ	U	L	B	B	U
G	Ũ	P	L	U	M	B	E	R	H	H	I	D	I	Y	R
Ĩ	S	C	Ợ	Ư	D	B	N	R	Ủ	B	L	U	Ê	M	O
P	H	P	Ô	L	C	V	G	O	Y	L	K	A	N	T	H
L	L	O	R	N	M	Y	Â	G	T	Ự	H	M	T	H	B
R	T	I	L	Ă	G	R	N	G	H	C	A	M	Ậ	Ợ	Á
I	T	A	M	S	M	P	H	Q	Ủ	S	Ỏ	N	P	M	C
V	H	L	A	Ợ	M	L	À	V	O	Ĩ	H	R	V	A	S
Y	T	Á	Q	H	D	T	N	P	H	R	U	I	I	Y	Ĩ
B	K	L	N	T	Y	Y	G	I	R	I	Ứ	J	Ê	R	T
Y	Á	N	H	À	K	H	O	A	H	Ọ	C	E	N	T	H
Y	L	C	K	B	A	B	P	D	C	C	H	W	R	B	Ú
B	D	Ứ	S	I	Ạ	Đ	O	O	L	L	N	E	T	K	Y
I	B	M	P	Ĩ	S	C	Ạ	H	N	B	Í	L	L	H	G
N	G	H	Ệ	S	Ĩ	P	I	A	N	O	L	E	N	L	G
N	H	À	Đ	Ị	A	C	H	Ấ	T	I	R	R	K	L	R

ĐẠI SỨ
LỰC SĨ
LUẬT SƯ
NGÂN HÀNG
VŨ CÔNG
BÁC SĨ
BIÊN TẬP VIÊN
LÍNH CỨU HỎA
NHÀ ĐỊA CHẤT
THỢ SĂN
JEWELER
NHẠC SĨ
Y TÁ
DƯỢC SĨ
NGHỆ SĨ PIANO
PLUMBER
THỦY THỦ
NHÀ KHOA HỌC
THỢ MAY
BÁC SĨ THÚ Y

64 - Barbecues

C	D	I	T	O	Y	V	D	K	B	I	S	P	B	N	B
K	G	U	C	U	N	R	K	P	Ạ	T	K	D	C	Y	Ữ
C	G	V	I	G	H	M	G	H	N	M	R	U	V	B	A
D	A	H	G	G	I	V	Ù	O	B	T	O	Ẻ	Y	Y	T
V	P	L	O	D	À	G	R	A	È	V	F	H	E	I	Ố
T	H	Ứ	C	Ă	N	H	N	D	H	N	A	L	H	M	I
T	R	Á	I	C	Â	Y	C	G	R	È	L	L	A	Y	Ó
Ố	V	A	Ơ	Ạ	U	B	N	N	H	G	V	M	H	L	Đ
X	R	Y	H	H	R	K	A	A	I	C	T	V	C	U	V
C	H	S	C	N	G	N	Ó	N	R	G	N	R	À	D	C
Ớ	G	D	Ò	M	N	D	Y	H	G	N	K	G	C	R	Q
Ư	U	A	R	Â	Ớ	N	R	P	T	T	C	O	H	Y	B
N	U	L	T	A	Ư	G	K	A	Q	C	I	Ố	U	M	Y
G	I	A	Đ	Ì	N	H	B	A	Q	P	P	A	A	H	D
Y	I	S	Y	T	C	C	V	H	C	Y	N	L	I	Y	O
N	C	L	N	I	H	G	O	H	Y	C	A	I	I	T	C

GÀ
TRẺ EM
BỮA TỐI
GIA ĐÌNH
THỨC ĂN
FORKS
BẠN BÈ
TRÁI CÂY
TRÒ CHƠI
NƯỚNG
NÓNG
ĐÓI
DAO
ÂM NHẠC
SALADS
MUỐI
NƯỚC XỐT
MÙA HÈ
CÀ CHUA
RAU

65 - Chocolate

H	P	C	G	T	O	I	U	H	O	Đ	K	L	H	K	H
K	R	G	N	Ộ	H	P	U	Ậ	Đ	Ư	Y	B	T	V	N
A	R	N	Ắ	B	U	À	Y	M	R	Ờ	I	I	A	U	I
M	T	Ợ	Đ	N	K	H	N	Ơ	U	N	O	G	N	T	Q
Q	T	Ư	L	T	Y	C	Ứ	H	T	G	N	Ô	C	I	V
V	V	L	N	R	M	C	P	T	P	T	I	R	L	C	M
L	Q	T	O	N	U	O	M	P	C	H	C	A	L	O	H
U	K	Ấ	A	D	B	T	I	U	B	I	Ầ	O	M	A	Ư
A	P	H	C	I	N	Y	N	K	Q	D	O	N	M	C	Ơ
G	A	C	C	H	H	I	Ê	V	P	D	T	V	B	A	N
O	Ẹ	K	C	O	L	U	V	U	U	Ừ	B	Ị	L	C	G
Y	B	N	Ỳ	N	H	P	O	D	T	A	D	M	Y	A	V
Y	U	I	T	L	V	Q	I	T	Ọ	H	R	O	T	U	Ị
Q	V	K	A	L	Ạ	P	V	V	G	D	Í	M	P	R	T
A	N	T	I	O	X	I	D	A	N	T	H	C	D	I	Q
C	L	G	C	A	R	A	M	E	L	Q	M	A	H	D	V

ANTIOXIDANT
THƠM
ĐẮNG
CACAO
CALO
KẸO
CARAMEL
DỪA
NGON
KỲ LẠ
YÊU THÍCH
HƯƠNG VỊ
THÀNH PHẦN
ĐẬU PHỘNG
BỘT
CHẤT LƯỢNG
CÔNG THỨC
ĐƯỜNG
NGỌT
VỊ

66 - Vegetables

C	C	Ầ	N	T	Â	Y	Â	T	I	Ù	M	L	I	P	Ô
À	C	R	Ơ	L	P	Ú	S	A	L	A	D	N	N	D	L
R	N	C	A	A	R	N	Y	B	L	R	H	V	N	Y	I
Ố	H	H	M	R	M	Ấ	N	M	M	N	B	Q	K	I	U
T	D	U	H	G	Í	U	I	M	M	K	D	B	G	H	M
B	T	Q	G	N	T	A	H	Q	Q	Đ	M	B	I	A	Y
Ô	Q	A	U	A	À	V	Ẹ	I	M	M	Ậ	M	V	V	Y
N	I	O	Y	Ả	C	B	H	N	À	H	G	U	L	T	C
G	T	D	M	O	B	À	Ủ	D	Ư	A	C	H	U	Ộ	T
C	Ỏ	N	T	Q	Y	Í	C	C	Ủ	C	Ả	I	Y	K	I
Ả	I	I	G	Ừ	N	G	N	H	A	V	R	L	K	K	K
I	A	N	I	B	U	A	R	G	U	Y	M	M	Y	L	B
X	T	U	M	B	D	O	G	D	Ô	A	B	V	T	O	V
A	I	Y	V	B	V	U	R	A	P	N	D	C	H	I	I
N	S	G	B	B	A	Y	A	L	M	L	A	G	N	P	C
H	Ô	B	D	G	I	M	H	V	P	A	M	D	Q	T	D

ATISÔ
BÔNG CẢI XANH
CÀ RỐT
SÚP LƠ
CẦN TÂY
DƯA CHUỘT
CÀ TÍM
TỎI
GỪNG
NẤM
Ô LIU
HÀNH
MÙI TÂY
ĐẬU
QUẢ BÍ NGÔ
SALAD
CỦ HẸ
RAU BINA
CÀ CHUA
CỦ CẢI

67 - The Media

Ý	T	O	T	Q	M	G	D	G	N	Ộ	C	G	N	Ô	C
Q	K	H	A	T	B	V	Q	H	N	Đ	Ô	T	H	L	P
M	H	I	Ư	S	Ự	T	H	Ậ	T	À	N	R	C	R	H
Q	Y	Y	Ế	Ơ	C	K	M	Q	T	I	G	Ự	O	G	I
Q	M	N	H	N	N	K	Q	R	D	B	N	C	Q	Đ	Ê
T	R	Í	T	U	Ệ	G	I	M	P	G	G	T	Y	Ị	N
B	Y	P	L	L	Q	B	M	C	Ộ	Q	H	U	V	A	B
K	I	N	H	P	H	Í	N	Ạ	Đ	N	I	Y	G	P	Ả
C	L	P	Y	D	P	B	Y	L	I	D	Ệ	Ế	C	H	N
A	Á	Q	B	H	G	V	C	N	Á	M	P	N	Q	Ư	H
L	H	N	L	R	A	R	T	Ê	H	M	Ạ	N	G	Ơ	Ì
I	I	G	H	C	M	U	P	I	T	M	D	D	Y	N	N
A	G	V	V	Â	Q	I	L	L	Y	Y	T	L	R	G	H
R	I	L	L	K	N	G	I	Á	O	D	Ụ	C	T	U	Ả
Q	U	Ả	N	G	C	Á	O	C	Á	O	K	V	I	G	N
K	Ỹ	T	H	U	Ậ	T	S	Ố	B	B	K	Q	G	O	H

QUẢNG CÁO
THÁI ĐỘ
THƯƠNG MẠI
LIÊN LẠC
KỸ THUẬT SỐ
PHIÊN BẢN
GIÁO DỤC
SỰ THẬT
KINH PHÍ
HÌNH ẢNH

CÁ NHÂN
CÔNG NGHIỆP
TRÍ TUỆ
ĐỊA PHƯƠNG
MẠNG
BÁO
TRỰC TUYẾN
Ý KIẾN
CÔNG CỘNG
ĐÀI

68 - Boats

X	U	Ồ	N	G	P	Ủ	U	Q	D	I	N	N	D	H	H
B	I	Ể	N	N	D	H	H	Ồ	O	N	H	E	U	Q	D
R	D	A	D	Ơ	T	T	I	P	C	R	P	O	T	A	N
B	D	Q	N	Ư	R	Y	C	H	K	C	Q	I	H	K	I
R	R	Q	N	D	T	Ủ	O	G	À	G	Q	H	U	O	N
U	Q	L	B	I	N	H	Ơ	C	G	N	Ộ	Đ	Y	R	U
V	C	Q	L	Ạ	T	T	P	N	I	Ừ	H	H	Ề	V	B
K	G	V	K	Đ	C	Q	R	A	U	H	Q	Đ	N	A	N
T	H	Ủ	Y	T	R	I	Ề	U	Y	T	D	O	O	K	N
P	H	A	O	H	U	B	T	P	R	Y	A	N	K	À	D
G	T	H	B	P	O	L	K	G	U	Â	A	V	O	B	N
B	L	M	M	H	A	U	A	A	T	D	O	P	H	M	È
Q	I	K	Y	À	S	Ô	N	G	Y	H	Ả	I	L	Ý	V
C	Ộ	T	B	U	Ồ	M	V	P	A	A	C	A	N	T	B
T	H	U	Y	Ề	N	B	U	Ồ	M	U	K	C	B	U	L
G	G	P	T	M	P	R	A	O	A	Q	O	R	Y	G	D

NEO
PHAO
XUỒNG
PHI HÀNH ĐOÀN
DOCK
ĐỘNG CƠ
PHÀ
KAYAK
HỒ
CỘT BUỒM
HẢI LÝ
ĐẠI DƯƠNG
BÈ
SÔNG
DÂY THỪNG
THUYỀN BUỒM
THỦY THỦ
BIỂN
THỦY TRIỀU
DU THUYỀN

69 - Activities and Leisure

Q	B	B	I	C	I	Ộ	L	I	Ơ	B	Q	B	T	M	B
P	N	U	O	Ắ	I	I	V	L	M	Ó	U	G	H	H	Ó
K	M	U	V	M	L	K	M	I	K	N	Ầ	U	B	T	N
B	N	K	P	T	O	Y	À	H	C	G	N	Ó	B	H	G
Q	Ứ	H	R	R	P	D	L	C	D	R	V	Y	U	Ư	Đ
U	N	C	V	Ạ	U	A	D	D	C	Ổ	Ợ	V	H	G	Á
Y	G	B	T	I	L	T	G	R	O	O	T	Y	M	I	C
Ề	H	L	P	R	C	K	M	F	V	U	R	U	D	Ã	U
N	Ệ	M	C	K	A	K	R	B	L	Ư	Ớ	T	U	N	Â
A	T	D	U	I	Q	N	Q	O	B	O	V	B	L	Ặ	C
N	H	N	Q	A	L	K	H	P	B	A	G	V	Ị	L	C
H	U	D	A	M	S	S	Ở	T	H	Í	C	H	C	V	Y
L	Ậ	O	C	Q	G	Ắ	M	N	H	O	U	M	H	Y	R
D	T	I	N	Ờ	Ư	V	M	À	L	O	H	G	B	Q	B
B	Ó	N	G	C	H	U	Y	Ề	N	C	A	P	B	A	U
Q	Q	D	L	H	O	A	A	Y	B	O	I	G	K	T	Y

NGHỆ THUẬT
BÓNG CHÀY
BÓNG RỔ
QUYỀN ANH
CẮM TRẠI
LẶN
CÂU CÁ
LÀM VƯỜN
GOLF
SỞ THÍCH
BỨC TRANH
THƯ GIÃN
MUA SẮM
BÓNG ĐÁ
LƯỚT
BƠI LỘI
QUẦN VỢT
DU LỊCH
BÓNG CHUYỀN

70 - Driving

G	B	U	Q	I	O	C	Q	R	X	E	M	Á	Y	H	V
I	G	Ệ	C	L	I	G	Ả	L	A	L	V	Q	Y	U	R
Ấ	X	I	M	Q	B	R	P	N	K	R	E	G	G	P	I
Y	E	L	A	Q	D	U	T	Í	H	K	X	O	B	A	O
P	T	N	V	O	X	E	H	Ơ	I	S	I	P	H	B	T
H	Ả	Ê	K	G	T	P	N	H	U	L	Á	I	Đ	Đ	Y
É	I	I	D	C	B	H	N	A	H	P	L	T	I	Ộ	G
P	H	H	G	K	Q	D	Ô	R	I	N	I	I	B	N	I
O	L	N	Ạ	N	I	A	T	N	U	G	Ờ	Y	Ộ	G	T
A	Y	Đ	K	C	C	V	Y	À	G	A	Ư	L	Đ	C	V
G	N	L	Ư	N	Q	H	Q	O	G	R	G	R	C	Ơ	P
L	V	U	L	Ờ	T	L	C	T	Y	A	N	H	Ố	D	A
B	Ả	N	Đ	Ồ	N	K	K	N	V	U	V	H	T	C	H
I	L	T	U	P	D	G	U	A	B	G	G	I	K	A	G
B	N	G	U	Y	H	I	Ể	M	Ầ	H	G	N	Ờ	Ư	Đ
C	U	G	C	M	L	Q	L	P	Y	A	B	B	H	L	R

TAI NẠN
PHANH
XE HƠI
NGUY HIỂM
NGƯỜI LÁI XE
NHIÊN LIỆU
GA-RA
KHÍ
GIẤY PHÉP
BẢN ĐỒ
ĐỘNG CƠ
XE MÁY
ĐI BỘ
CẢNH SÁT
ĐƯỜNG
AN TOÀN
TỐC ĐỘ
GIAO THÔNG
XE TẢI
ĐƯỜNG HẦM

71 - Biology

Ể	H	T	C	Ắ	S	M	Ễ	I	H	N	T	N	A	I	V
Y	D	P	H	V	U	G	G	D	K	U	I	U	E	V	I
C	Y	R	G	Ẩ	Đ	M	I	D	N	T	Ế	D	N	U	K
Â	B	O	G	I	M	Ộ	N	I	P	Ế	N	B	Z	N	H
Y	P	T	T	T	Ả	T	T	P	Q	B	H	Ò	Y	C	U
Y	Ợ	E	U	D	N	I	H	B	A	À	Ó	S	M	B	Ẩ
N	H	I	P	H	Ô	I	P	Ấ	I	O	A	Á	E	Q	N
R	G	N	Ô	Đ	Ủ	G	N	H	U	Ế	P	T	B	H	E
T	N	Ê	R	I	U	G	T	E	Ẫ	A	N	A	N	Q	G
H	A	I	M	Ầ	M	B	Ệ	N	H	U	B	A	K	V	A
Ầ	U	H	C	K	P	I	I	O	O	R	H	D	G	V	L
N	Q	N	H	P	B	U	D	M	V	G	M	Ọ	L	H	L
K	G	Ự	D	Q	C	Y	H	R	C	O	A	C	C	G	O
I	B	T	C	V	U	G	C	O	K	Q	A	C	G	T	C
N	P	K	R	R	C	O	U	H	D	M	T	K	R	K	K
H	V	C	Ộ	N	G	S	I	N	H	K	I	D	M	Y	Y

GIẢI PHẪU HỌC
VI KHUẨN
TẾ BÀO
NHIỄM SẮC THỂ
COLLAGEN
PHÔI
ENZYME
TIẾN HÓA
NGỦ ĐÔNG
HORMONE
ĐỘT BIẾN
TỰ NHIÊN
THẦN KINH
THẨM THẤU
MẦM BỆNH
QUANG HỢP
CÂY
PROTEIN
BÒ SÁT
CỘNG SINH

72 - Professions #2

M	Y	O	D	O	T	N	Ả	B	T	Ấ	U	X	À	H	N
A	I	G	Ị	R	T	H	N	Í	H	C	U	C	U	C	M
D	L	H	U	V	B	À	T	Ư	D	C	P	N	A	Y	G
L	K	A	I	G	H	N	À	H	I	H	P	V	A	A	O
I	V	M	Q	U	N	G	U	T	Á	N	R	T	N	K	G
G	I	Á	O	S	Ư	Ô	V	Ủ	U	M	Ạ	O	H	L	I
N	H	À	B	Á	O	N	B	H	A	T	T	Y	I	G	Á
H	C	Y	O	R	K	N	U	T	H	A	T	Ử	Ế	U	O
U	B	I	I	P	B	G	I	B	Ĩ	I	R	H	P	B	V
K	M	N	G	M	V	Ữ	C	Ư	S	Ỹ	K	G	Ả	Á	I
U	A	M	L	N	H	À	H	Ó	A	H	Ọ	C	N	C	Ê
V	A	A	K	U	Ô	Y	K	H	H	T	D	O	H	S	N
P	V	D	T	O	D	C	H	R	N	I	K	P	G	Ĩ	Q
N	Ô	N	G	D	Â	N	I	A	I	G	T	Ế	I	R	T
D	V	P	H	P	C	D	C	H	M	N	Ĩ	S	A	Ọ	H
P	T	L	L	R	T	K	G	R	P	G	C	I	K	V	U

PHI HÀNH GIA
NHÀ HÓA HỌC
NHA SĨ
THÁM TỬ
KỸ SƯ
NÔNG DÂN
HOẠ
NHÀ BÁO
THỦ THƯ
NHÀ NGÔN NGỮ
HỌA SĨ
TRIẾT GIA
NHIẾP ẢNH GIA
BÁC SĨ
PHI CÔNG
CHÍNH TRỊ GIA
GIÁO SƯ
NHÀ XUẤT BẢN
GIÁO VIÊN

73 - Emotions

D	R	C	T	R	R	T	T	O	H	P	L	H	T	U	M
H	À	I	L	Ò	N	G	Y	A	Ò	N	Ò	G	H	M	C
N	Y	Ê	N	B	Ì	N	H	D	A	L	N	P	Ư	H	D
Y	Ộ	O	T	Y	Q	O	G	K	B	C	G	C	G	P	H
V	I	I	U	V	M	Ề	I	N	Ì	L	T	N	I	P	K
C	M	U	D	N	Ợ	S	I	Ỗ	N	H	Ố	O	Ã	T	A
I	Ả	Ổ	H	U	Ấ	X	D	Y	H	H	T	M	N	L	P
M	K	M	N	C	N	C	N	N	Q	L	K	G	H	N	H
A	U	A	T	L	T	G	C	H	Á	N	N	Ả	N	Ỗ	P
N	U	K	U	H	S	Ự	P	H	Ẫ	N	N	Ộ	Y	I	B
L	Ặ	N	G	H	Ô	T	R	I	Â	N	Y	Q	T	B	L
U	M	C	I	Y	L	N	Q	L	O	G	R	Ê	Y	U	I
B	C	M	P	L	D	H	G	O	H	P	Q	G	U	Ồ	S
D	Ị	U	D	À	N	G	Y	K	K	M	P	Y	C	N	S
B	Ị	K	Í	C	H	T	H	Í	C	H	G	M	O	L	L
M	H	C	R	O	T	I	U	C	G	N	Y	G	V	Y	T

SỰ PHẪN NỘ
BLISS
CHÁN NẢN
LẶNG
NỘI DUNG
XẤU HỔ
BỊ KÍCH THÍCH
NỖI SỢ
TRI ÂN
NIỀM VUI
LÒNG TỐT
YÊU
HÒA BÌNH
THƯ GIÃN
NỖI BUỒN
HÀI LÒNG
CẢM THÔNG
DỊU DÀNG
YÊN BÌNH

74 - Mythology

V	Ă	N	H	O	Á	T	P	O	Y	G	L	Q	K	C	A
S	D	B	C	Y	O	L	N	D	G	M	N	U	M	Ó	N
T	I	N	I	Ề	M	T	I	N	H	Y	R	Á	Ê	C	H
C	R	N	T	O	Ấ	C	D	N	E	R	L	I	C	H	H
Y	Á	U	H	P	S	I	V	H	N	À	H	V	U	Ế	Ù
N	O	C	Y	V	A	N	N	U	K	D	Ù	Ậ	N	T	N
H	Y	Q	V	Ề	Ậ	A	Y	T	C	C	H	T	G	C	G
P	O	C	N	Ị	N	T	S	Á	N	G	T	Ạ	O	H	U
O	R	P	Q	A	T	T	D	P	T	P	Ả	U	V	I	D
V	U	V	I	D	P	H	H	O	L	H	R	C	G	Ế	Q
V	N	Q	Q	I	M	C	Ầ	U	M	D	T	M	T	N	B
S	Ự	B	Ấ	T	T	Ử	Q	N	Y	N	R	A	L	B	V
T	R	S	T	H	Ả	M	H	Ọ	A	Ế	M	O	C	I	U
B	A	É	T	G	G	K	K	D	T	Y	T	R	V	N	D
P	L	T	T	H	I	Ê	N	Đ	Ư	Ờ	N	G	U	H	C
N	G	U	Y	Ê	N	M	Ẫ	U	C	H	C	I	Y	K	U

NGUYÊN MẪU
HÀNH VI
NIỀM TIN
SÁNG TẠO
SINH VẬT
VĂN HOÁ
CÁC VỊ THẦN
THẢM HỌA
THIÊN ĐƯỜNG
ANH HÙNG
SỰ BẤT TỬ
GHEN
MÊ CUNG
TRUYỀN THUYẾT
SÉT
QUÁI VẬT
CÓ CHẾT
TRẢ THÙ
SẤM
CHIẾN BINH

75 - Agronomy

G	D	G	B	L	Y	T	P	S	H	K	N	L	Q	V	H
N	Ă	N	G	L	Ư	Ợ	N	G	I	T	N	T	G	U	D
C	R	Ờ	T	M	Y	Q	L	G	G	N	Ố	H	T	Ệ	H
R	R	Ư	R	U	Â	T	N	X	C	N	H	P	K	Y	K
R	V	R	N	Ă	C	Ứ	H	T	Ó	Ể	C	T	L	C	N
G	P	T	Ó	O	Ọ	L	O	Ấ	T	I	R	I	H	K	P
N	K	I	B	A	H	V	R	U	A	R	M	B	C	Á	Ệ
P	K	Ô	N	H	A	L	O	X	L	T	Ễ	Ò	K	D	I
H	C	M	Â	Ọ	O	B	T	N	L	T	I	G	N	V	H
P	Ạ	Q	H	C	H	Ệ	K	Ả	V	Á	H	T	Ô	Y	G
T	T	T	P	U	K	N	V	S	M	H	N	C	H	H	N
O	L	H	G	A	H	H	P	U	A	P	Ô	O	T	D	G
D	H	N	U	I	H	Ữ	U	C	Ơ	Ự	B	O	G	A	N
K	I	P	D	V	Ố	K	L	Ớ	Y	S	B	B	N	G	Ô
V	B	G	T	M	O	N	U	Ư	P	D	K	T	Ô	D	N
B	A	D	G	B	U	Q	G	N	R	R	H	D	N	O	Y

NÔNG NGHIỆP
BỆNH
SINH THÁI
NĂNG LƯỢNG
MÔI TRƯỜNG
XÓI MÒN
PHÂN BÓN
THỨC ĂN
SỰ PHÁT TRIỂN
HỮU CƠ
CÂY
Ô NHIỄM
SẢN XUẤT
NÔNG THÔN
KHOA HỌC
HẠT GIỐNG
HỌC
HỆ THỐNG
RAU
NƯỚC

76 - Hair Types

M	T	Y	V	P	A	L	P	V	I	K	X	T	H	H	B
À	Ó	A	Y	O	Y	C	H	P	Y	M	O	G	H	C	O
U	C	M	Q	Y	U	C	B	C	N	K	Ă	A	Q	N	D
N	V	Y	I	K	D	O	D	C	Q	G	N	Ỏ	M	G	C
Â	À	M	Ề	M	B	M	Y	N	V	N	E	V	V	Ắ	C
U	N	K	H	Ỏ	E	M	Ạ	N	H	Ó	Đ	V	R	N	A
U	G	V	U	V	U	Q	P	M	B	B	U	C	O	T	T
M	U	R	N	C	K	B	C	D	T	G	V	V	H	M	L
O	B	P	Y	I	Y	T	G	M	R	N	P	P	G	T	P
Q	G	D	R	M	À	C	A	O	Ắ	Á	C	H	N	T	C
Y	O	G	I	À	D	A	Y	Q	N	S	D	I	A	R	B
C	K	V	N	U	À	M	G	H	G	B	H	L	R	K	L
Ạ	U	Q	P	X	Q	B	K	Q	N	Ệ	V	Ó	D	H	H
B	H	R	G	Á	M	G	C	R	O	N	K	D	I	Ô	V
U	H	Q	L	M	K	Y	P	B	K	B	D	G	O	H	L
A	N	C	M	S	B	T	T	M	M	N	A	B	V	C	M

HÓI
ĐEN
TÓC VÀNG
BỆN
BRAIDS
MÀU NÂU
MÀU
CURLS
XOĂN
KHÔ
MÀU XÁM
KHỎE MẠNH
DÀI
SÁNG BÓNG
NGẮN
BẠC
MỀM
DÀY
MỎNG
TRẮNG

77 - Garden

T	O	O	Y	Ỏ	H	À	N	G	R	À	O	H	A	I	C
X	Ấ	O	P	C	T	P	N	I	Y	A	A	T	D	I	O
Ẻ	C	M	L	Â	G	A	R	A	B	Ụ	I	C	Â	Y	B
N	L	O	B	Y	Á	B	D	N	I	Y	C	L	P	N	P
G	N	Õ	V	Ạ	Đ	M	A	O	T	C	C	U	N	M	T
D	H	P	Q	Y	T	Ấ	R	H	A	C	A	V	R	M	C
A	O	I	Q	T	L	O	T	V	Q	A	G	M	G	H	I
Q	À	H	Ê	B	Ă	N	G	G	H	Ế	V	T	A	B	K
M	C	U	V	N	C	Ờ	N	A	A	C	O	P	I	M	H
U	I	H	Ò	U	T	Ư	Ợ	H	L	N	H	Q	N	U	Y
I	V	Y	I	K	R	V	Ư	Q	N	N	O	H	Y	Y	Q
D	B	C	P	T	H	Ẻ	H	A	U	O	A	M	P	C	B
V	R	I	P	U	I	V	T	D	M	A	V	A	N	P	D
B	Y	G	N	H	L	U	N	H	D	I	D	A	R	R	O
N	O	T	Y	M	O	Y	Â	T	L	B	R	N	U	T	T
P	O	Q	H	P	N	O	S	D	E	E	W	L	G	H	H

BĂNG GHẾ
BỤI CÂY
HÀNG RÀO
HOA
GA-RA
VƯỜN
CỎ
VÕNG
VÒI
THẺ
AO
HIÊN
CÀO
ĐÁ
XẺNG
ĐẤT
SÂN THƯỢNG
TẤM BẠT
CÂY
WEEDS

78 - Diplomacy

M	P	C	D	D	R	N	P	Ị	R	T	H	N	Í	H	C
N	H	Â	N	Đ	Ạ	O	T	I	N	V	Ợ	Ậ	R	D	I
C	Đ	N	G	O	Ạ	I	G	I	A	O	P	U	V	A	V
S	Ộ	Ạ	T	O	À	N	V	Ẹ	N	U	T	L	Y	G	I
B	Ự	N	O	I	B	H	H	Q	P	A	Á	O	C	V	C
T	P	C	G	Đ	N	Â	D	G	N	Ô	C	Ả	T	A	V
C	Q	P	Ô	Đ	Ứ	C	Ớ	Ư	P	Ệ	I	H	Ế	L	T
Ố	D	M	H	N	Ồ	C	P	K	B	Q	G	T	Y	P	G
V	A	Q	I	Y	G	N	Đ	Ạ	I	S	Ứ	Q	U	Á	N
Ấ	O	K	T	R	N	B	G	V	P	C	D	Y	Q	H	V
N	A	N	N	I	N	H	Ằ	P	G	Q	V	R	Ị	P	Q
C	H	Í	N	H	P	H	Ủ	N	R	P	Q	B	H	I	D
V	G	A	Y	H	H	T	Ộ	Đ	G	N	U	X	G	Ả	D
B	O	P	P	B	O	M	B	N	A	C	D	A	N	I	H
R	R	Q	G	B	M	P	G	R	O	K	G	M	P	G	P
V	G	U	A	U	O	Đ	Ạ	I	S	Ứ	P	D	H	U	Y

CỐ VẤN
ĐẠI SỨ
CÔNG DÂN
CIVIC
CỘNG ĐỒNG
XUNG ĐỘT
HỢP TÁC
NGOẠI GIAO
THẢO LUẬN
ĐẠI SỨ QUÁN
ĐẠO ĐỨC
CHÍNH PHỦ
NHÂN ĐẠO
TOÀN VẸN
SỰ CÔNG BẰNG
CHÍNH TRỊ
NGHỊ QUYẾT
AN NINH
GIẢI PHÁP
HIỆP ƯỚC

79 - Beach

I	M	Ầ	Đ	A	C	R	H	A	R	L	Q	L	B	T	N
M	U	À	U	C	G	V	N	T	N	G	R	H	C	H	R
T	Ỉ	V	U	Q	D	I	T	B	T	C	Y	M	B	U	R
H	H	A	C	X	U	Y	H	L	L	D	U	D	B	Y	T
H	G	U	M	U	A	K	P	O	M	N	I	É	G	Ề	O
L	N	N	Y	I	A	N	Ể	I	B	Ờ	B	P	Ô	N	Y
U	Ỳ	U	H	Ề	O	Ể	H	H	V	V	Ỏ	G	V	B	P
V	K	R	V	C	N	I	Ờ	R	T	T	Ặ	M	N	U	D
M	K	A	Y	P	Ă	B	B	O	L	A	H	Y	D	Ồ	P
I	C	M	V	T	H	Q	K	T	L	L	U	O	P	M	I
I	Y	I	K	O	K	H	O	B	P	C	Á	T	U	A	C
U	N	I	Y	N	T	R	Ả	L	Ạ	I	O	O	P	M	T
U	G	D	I	M	B	L	Đ	B	P	C	P	Q	G	V	B
R	U	P	B	N	D	O	C	K	V	B	U	M	U	D	H
N	K	V	I	N	K	Đ	Ạ	I	D	Ư	Ơ	N	G	M	Y
L	B	H	B	M	H	N	B	U	R	U	Q	A	N	A	K

MÀU XANH
THUYỀN
BỜ BIỂN
CUA
DOCK
ĐẢO
ĐẦM
ĐẠI DƯƠNG
TRẢ LẠI
THUYỀN BUỒM
CÁT
DÉP
BIỂN
VỎ
MẶT TRỜI
KHĂN
KỲ NGHỈ

80 - Countries #1

T	Y	L	D	M	H	T	P	A	V	L	O	T	M	T	G
K	Â	G	I	G	B	K	P	H	R	L	P	K	T	B	C
B	V	Y	M	K	R	A	Q	O	Ầ	H	Y	V	I	P	R
A	B	U	B	I	Q	R	Y	K	C	N	P	A	Q	T	P
L	A	A	Q	A	R	I	G	Y	A	A	L	M	T	K	A
Ạ	I	N	Q	Y	N	P	P	Đ	N	I	A	A	K	H	N
N	C	C	U	B	O	N	K	Ứ	A	T	G	N	N	T	A
I	Ậ	M	P	R	C	D	H	C	D	A	E	T	O	N	M
Q	P	B	I	O	C	U	L	A	A	P	N	Ệ	K	L	A
G	C	K	H	M	O	P	U	L	I	O	E	I	Q	B	U
I	A	U	G	A	R	A	C	I	N	V	S	V	Y	L	T
I	L	R	M	N	O	Y	B	Z	M	L	T	G	I	O	D
Y	U	C	I	I	M	B	C	A	G	V	Q	A	R	O	C
G	K	C	V	A	R	I	S	R	A	E	L	M	L	T	G
R	T	K	P	C	A	L	N	B	C	T	N	Ý	H	Q	A
I	G	Y	V	E	N	E	Z	U	E	L	A	H	A	K	I

BRAZIL
CANADA
AI CẬP
PHẦN LAN
ĐỨC
IRAQ
ISRAEL
LATVIA
LIBYA
MOROCCO
NICARAGUA
NA UY
PANAMA
BA LAN
ROMANIA
SENEGAL
TÂY BAN NHA
VENEZUELA
VIỆT NAM

81 - Adjectives #1

K	D	T	L	M	Ỏ	N	G	N	Ặ	N	K	Y	M	H	T
Y	H	N	B	M	T	D	M	A	M	M	V	O	H	K	R
R	K	Ổ	K	M	K	C	Q	P	O	T	P	O	A	M	U
I	Ạ	Đ	N	Ệ	I	H	P	N	B	Y	C	B	K	T	N
Ố	Đ	G	U	G	N	Ọ	R	T	M	Ê	I	H	G	N	G
T	Ầ	K	M	N	L	H	Ữ	U	Í	C	H	G	V	G	T
H	Y	C	C	Ọ	Q	Ồ	Q	M	V	N	N	I	H	O	H
N	T	O	O	R	U	I	H	Q	H	Y	N	K	L	B	Ự
G	H	A	C	T	T	U	Y	Ệ	T	Đ	Ố	I	Ỳ	H	C
H	A	C	C	N	R	Ộ	N	G	L	Ư	Ợ	N	G	L	Y
Ệ	M	A	T	A	H	T	H	Ơ	M	R	L	H	V	A	Ạ
T	V	Ậ	V	U	O	P	Q	G	Q	K	K	G	U	L	I
H	Ọ	Đ	H	Q	H	L	O	I	M	G	L	O	I	R	V
U	N	Ẹ	K	C	B	Q	H	M	G	M	C	Q	V	B	R
Ậ	G	P	H	B	P	Y	T	H	L	N	T	G	Ẻ	U	V
T	V	H	Ấ	P	D	Ẫ	N	Q	U	Ý	G	V	P	R	D

TUYỆT ĐỐI
ĐẦY THAM VỌNG
THƠM
NGHỆ THUẬT
HẤP DẪN
ĐẸP
TỐI
KỲ LẠ
RỘNG LƯỢNG
VUI VẺ
NẶNG
HỮU ÍCH
TRUNG THỰC
KHỔNG LỒ
QUAN TRỌNG
HIỆN ĐẠI
NGHIÊM TRỌNG
CHẬM
MỎNG
QUÝ

82 - Technology

Ố	S	T	Ậ	U	H	T	Ỹ	K	H	Q	T	G	Q	Q	I
N	U	Ệ	R	V	V	L	U	T	G	L	N	I	H	L	U
G	Ệ	Y	O	Ư	H	Ê	A	R	O	V	M	Ở	Q	A	D
H	I	U	C	V	N	K	U	I	N	T	E	R	N	E	T
I	L	D	A	I	Í	G	O	L	B	T	A	T	D	N	Y
Ê	Ữ	H	C	R	T	N	B	D	K	H	B	N	M	O	V
N	D	N	O	Ú	Y	Ố	Y	À	Q	Ô	P	O	À	R	P
C	L	Ì	M	T	Á	H	M	P	Y	N	N	C	N	U	Q
Ứ	D	R	B	Á	M	T	M	V	P	G	U	P	I	Ộ	N
U	H	T	N	L	Y	M	H	P	B	Đ	M	H	T	B	R
A	N	N	I	N	H	Ả	Q	C	V	I	Q	H	P	Y	I
G	N	K	C	K	Y	T	N	H	P	Ệ	O	O	Ậ	A	C
P	Q	P	H	I	R	U	Y	H	Q	P	B	K	T	V	V
I	G	G	M	A	L	I	Ả	O	P	H	Ầ	N	M	Ề	M
T	L	M	R	B	L	D	G	H	H	L	C	G	R	K	Q
I	U	K	L	M	U	G	K	Q	L	P	K	Y	D	K	G

BLOG
TRÌNH DUYỆT
NỘI
MÁY ẢNH
MÁY TÍNH
CON TRỎ
DỮ LIỆU
KỸ THUẬT SỐ
TRƯNG BÀY
TẬP TIN
CHỮ
INTERNET
THÔNG ĐIỆP
NGHIÊN CỨU
MÀN
AN NINH
PHẦN MỀM
THỐNG KÊ
ẢO
VI RÚT

83 - Global Warming

C	Ự	C	C	Ắ	B	Q	V	P	L	Y	A	A	N	U	T
Ọ	Á	Y	A	R	Q	N	Ủ	H	P	H	N	Í	H	C	Ư
H	Y	C	T	U	O	D	G	Á	A	L	B	U	T	N	Ơ
A	Q	U	T	Ậ	P	Y	Ế	T	C	Ố	U	Q	H	K	N
O	C	Ý	Ú	H	C	U	Q	T	U	U	D	G	A	D	G
H	M	L	D	Í	Ế	K	H	R	D	P	M	V	Y	Q	L
K	P	Ô	D	H	T	H	Ờ	I	G	Y	Â	B	Đ	Q	A
À	H	C	I	K	K	P	Ệ	Ể	C	V	Q	G	Ổ	U	I
H	Á	Ộ	Đ	T	Ệ	I	H	N	I	R	L	N	I	R	Y
N	P	Y	B	G	R	R	P	P	R	I	L	Ợ	M	R	Q
D	L	D	Y	A	N	Ư	V	Q	D	D	Y	Ư	G	A	L
L	U	Ệ	I	L	Ữ	D	Ờ	Q	U	D	G	L	A	R	K
Q	Ậ	R	U	T	H	V	Q	N	B	T	Â	G	M	L	H
C	T	Y	O	Y	P	Ệ	I	H	G	N	G	N	Ô	C	Í
U	A	O	B	G	A	B	V	N	Q	K	R	Ă	B	G	Y
A	G	P	Q	I	V	G	N	Ả	O	H	G	N	Ủ	H	K

BẮC CỰC
CHÚ Ý
THAY ĐỔI
KHÍ HẬU
KHỦNG HOẢNG
DỮ LIỆU
PHÁT TRIỂN
NĂNG LƯỢNG
MÔI TRƯỜNG
TƯƠNG LAI
KHÍ
CÁC THẾ HỆ
CHÍNH PHỦ
CÔNG NGHIỆP
QUỐC TẾ
PHÁP LUẬT
BÂY GIỜ
DÂN
NHÀ KHOA HỌC
NHIỆT ĐỘ

84 - Landscapes

S	M	G	P	G	Q	R	K	T	G	B	R	I	M	I	C
T	Ô	K	Y	U	A	N	R	M	M	H	Ồ	B	U	T	K
H	B	N	Ể	I	B	I	Ã	B	I	P	S	Ô	N	G	V
Á	Y	Ê	G	B	Á	N	Đ	Ả	O	Ả	Đ	C	Ố	N	T
C	L	Y	N	B	Đ	Ầ	M	L	Ầ	Y	D	I	T	Ũ	U
N	C	U	Ô	H	Ă	Q	U	Q	G	Y	N	Q	N	L	D
Ư	O	G	S	I	I	N	M	Á	D	D	Q	Y	T	G	B
Ớ	P	N	A	P	A	L	G	Đ	Ạ	I	D	Ư	Ơ	N	G
C	M	H	Ử	T	I	C	B	H	L	Ồ	P	R	M	U	C
A	G	N	C	P	R	T	D	C	R	Đ	N	C	Y	H	R
I	N	Ã	U	M	Y	A	K	Á	Q	P	I	T	T	T	P
V	O	L	I	P	G	U	Y	V	L	O	S	T	U	U	Y
Đ	Ả	O	N	Ú	I	L	Ử	A	V	H	D	A	M	M	L
V	Y	C	N	Ú	I	Y	Q	Y	Y	A	A	A	M	M	I
K	A	L	O	Q	D	H	M	K	Y	D	Q	N	D	Ạ	M
H	H	B	I	Ể	N	A	H	G	D	L	U	D	G	U	C

BÃI BIỂN
HANG
VÁCH ĐÁ
SA MẠC
CỬA SÔNG
SÔNG BĂNG
ĐỒI
ĐẢO
HỒ
NÚI
ỐC ĐẢO
ĐẠI DƯƠNG
BÁN ĐẢO
SÔNG
BIỂN
ĐẦM LẦY
LÃNH NGUYÊN
THUNG LŨNG
NÚI LỬA
THÁC NƯỚC

85 - Visual Arts

Q	H	Q	G	Y	B	C	T	B	C	B	U	O	D	H	I
U	V	V	I	Đ	Ứ	H	U	D	H	A	L	P	B	N	Y
A	A	Ẽ	Ấ	Ồ	C	Â	A	V	B	Q	M	L	N	H	T
N	K	U	Y	G	T	N	B	C	Ú	G	R	D	G	A	M
Đ	M	P	N	Ố	R	D	O	Ạ	T	G	N	Á	S	A	P
I	I	U	Ế	M	A	U	Y	C	C	Á	T	T	Ệ	I	K
Ể	B	Q	N	M	N	N	T	B	H	N	Ả	M	I	H	P
M	U	Ĩ	S	Ệ	H	G	N	T	Ì	N	O	U	D	T	Đ
Q	H	Đ	I	Ê	U	K	H	Ắ	C	M	O	L	U	H	Ấ
Ả	N	H	C	H	Ụ	P	Á	S	P	Y	C	U	L	À	T
K	I	Ế	N	T	R	Ú	C	O	I	H	R	P	H	N	S
Q	Q	N	R	I	Ú	R	K	H	A	M	P	T	N	H	É
H	C	N	I	P	C	B	Q	A	N	M	V	V	L	P	T
B	O	P	Y	T	M	B	I	O	G	T	M	M	K	H	V
A	H	A	N	H	D	O	K	Á	M	P	Q	T	O	Ầ	P
N	A	V	V	A	A	L	I	T	C	P	H	Ấ	N	N	P

KIẾN TRÚC
NGHỆ SĨ
PHẤN
ĐẤT SÉT
THÀNH PHẦN
SÁNG TẠO
VẼ
PHIM ẢNH
KIỆT TÁC
BỨC TRANH
CÁI BÚT
BÚT CHÌ
QUAN ĐIỂM
ẢNH CHỤP
CHÂN DUNG
ĐỒ GỐM
ĐIÊU KHẮC
GIẤY NẾN
SÁP

86 - Plants

P	R	B	L	B	M	K	I	A	O	H	H	N	Á	C	R
Y	K	L	Q	O	D	C	Ỏ	K	P	V	Ạ	D	O	Ọ	P
T	Ậ	V	C	Ự	H	T	L	Á	C	Ư	Q	T	D	H	G
C	D	O	V	Ố	T	U	N	A	Ố	Ờ	K	C	Đ	T	U
Â	B	Y	N	I	G	N	Ồ	R	G	N	Ơ	Ư	X	Ậ	P
Y	A	P	Q	I	V	Y	R	O	N	N	Y	C	Y	V	U
H	G	N	C	D	H	Q	Y	L	Ồ	A	T	T	T	C	Y
V	O	G	Q	C	P	L	Q	F	U	Y	H	P	C	Ự	L
H	Y	T	K	D	A	Y	P	O	G	R	Y	G	R	H	I
C	V	P	R	D	H	M	Y	G	N	N	A	D	I	T	Y
H	L	Q	Ê	O	N	C	H	O	H	O	Ọ	D	M	M	M
N	H	U	U	L	C	D	P	I	M	M	H	M	C	P	Q
B	A	T	P	H	Â	N	B	Ó	N	R	H	P	Ả	A	C
T	H	O	A	R	Ừ	N	G	B	Ụ	I	C	Â	Y	U	Y
R	Q	N	L	N	C	I	G	P	U	I	B	N	P	B	Q
E	T	I	B	O	V	C	L	H	Y	I	O	R	N	Q	R

TRE
HẠT ĐẬU
QUẢ MỌNG
THỰC VẬT HỌC
BỤI CÂY
XƯƠNG RỒNG
PHÂN BÓN
FLORA
HOA
LÁ
RỪNG
VƯỜN
CỎ
IVY
RÊU
CÁNH HOA
NGUỒN GỐC
GỐC
CÂY
THỰC VẬT

87 - Boxing

G	N	Ơ	Ư	H	T	N	Ấ	H	C	G	M	T	K	H	K
K	Ă	M	C	R	K	I	U	U	I	Ó	M	I	H	H	I
T	Ỹ	N	O	G	V	B	Y	N	T	C	M	Ê	U	P	Ệ
I	Q	N	G	D	O	Y	A	V	K	U	T	U	Ỷ	C	T
N	N	U	Ă	T	Đ	Ố	I	T	H	Ủ	Á	Đ	U	Q	S
T	L	M	G	N	A	C	H	U	Ô	N	G	I	T	T	Ứ
S	Y	H	K	P	G	Y	G	B	Y	R	I	Ể	A	R	C
Ứ	C	T	B	Đ	Ấ	U	S	Ĩ	D	G	Ồ	M	Y	Ọ	B
C	K	V	R	U	M	D	N	H	A	N	H	Ằ	V	N	V
M	Q	O	P	G	D	Y	Â	Y	B	V	C	C	U	G	C
Ạ	P	Y	I	Đ	I	Ể	M	Y	A	Y	Ụ	T	U	T	R
N	H	I	M	C	M	P	M	H	T	I	H	L	Q	À	V
H	V	M	B	Ơ	V	Y	Q	V	V	H	P	I	D	I	Q
B	B	U	I	T	N	Ắ	M	T	A	Y	Ừ	Y	M	C	L
L	C	Q	Y	H	V	N	L	B	H	Y	B	N	I	G	D
Q	Y	Y	T	Ể	C	K	P	C	K	O	L	H	G	B	L

CHUÔNG
CƠ THỂ
CẰM
GÓC
KHUỶU TAY
KIỆT SỨC
ĐẤU SĨ
NẮM TAY
TIÊU ĐIỂM
GĂNG TAY

CHẤN THƯƠNG
ĐÁ
ĐỐI THỦ
ĐIỂM
NHANH
PHỤC HỒI
TRỌNG TÀI
DÂY THỪNG
KỸ NĂNG
SỨC MẠNH

88 - Countries #2

B	G	Q	D	Y	D	K	Q	D	R	U	G	A	N	D	A
N	A	T	S	I	K	A	P	R	V	K	I	G	H	N	U
I	B	A	I	R	Y	S	M	G	R	C	D	N	T	D	P
G	A	I	M	D	H	Y	D	P	H	I	L	M	M	O	C
E	G	N	O	N	A	B	E	L	S	O	M	A	L	I	A
R	T	A	N	A	D	U	S	A	A	V	Q	H	T	T	I
I	J	B	K	E	H	Y	L	Ạ	P	Y	M	D	V	H	P
A	A	L	N	L	P	Đ	A	N	M	Ạ	C	H	R	A	O
N	M	A	À	H	I	A	P	Q	O	Q	N	G	D	I	I
I	A	I	L	O	Ậ	D	L	I	H	R	P	G	V	T	H
A	I	M	H	H	C	T	L	I	B	E	R	I	A	I	T
R	C	E	K	Q	K	A	B	A	L	N	C	O	V	Q	E
K	A	X	C	R	H	N	K	Ả	M	Q	M	O	P	O	R
U	Q	I	G	U	T	D	V	B	N	B	B	U	M	Y	K
M	N	C	C	C	Q	Q	L	A	L	K	O	Q	N	R	P
L	L	O	Q	R	I	U	U	V	G	U	I	L	R	Y	C

ALBANIA
ĐAN MẠCH
ETHIOPIA
HY LẠP
HẠITI
JAMAICA
NHẬT BẢN
LÀO
LEBANON
LIBERIA
MEXICO
NEPAL
NIGERIA
PAKISTAN
NGA
SOMALIA
SUDAN
SYRIA
UGANDA
UKRAINA

89 - Adjectives #2

H	U	Y	D	A	Đ	K	T	T	B	T	M	P	V	H	T
G	D	O	T	M	Ó	H	V	G	T	H	N	Q	K	O	Ự
B	V	P	H	Ô	I	Ỏ	C	A	P	Ậ	M	Ặ	N	A	H
Ị	V	Ú	H	T	Ớ	E	M	Ị	P	T	I	I	C	N	À
M	P	H	C	Ả	M	M	N	À	L	N	B	R	Q	G	O
H	H	C	Q	M	T	Ạ	B	V	U	H	D	P	R	D	S
P	L	D	D	C	G	N	Ó	N	Ế	M	N	Y	H	Ã	Á
K	K	H	Ô	B	Q	H	C	Ê	I	C	Ỡ	A	C	P	N
Ị	N	Ổ	I	D	A	N	H	I	H	U	C	R	H	B	G
C	B	U	Ồ	N	N	G	Ủ	H	K	A	Q	R	U	T	T
H	D	N	Y	I	R	L	U	N	G	P	T	G	T	U	Ạ
H	R	L	O	C	Q	G	T	Ự	N	H	R	B	D	D	O
I	R	O	D	H	A	M	A	T	Ă	I	P	T	K	P	C
P	C	K	A	P	H	N	Ạ	B	N	A	T	L	C	I	P
B	C	K	M	I	T	B	Q	N	G	K	T	T	I	C	O
N	C	T	G	Q	O	Q	V	N	H	U	B	V	H	V	C

THẬT
SÁNG TẠO
MÔ TẢ
KỊCH
KHÔ
THANH LỊCH
NỔI DANH
NĂNG KHIẾU
KHỎE MẠNH
NÓNG
ĐÓI
THÚ VỊ
TỰ NHIÊN
MỚI
MÀU MỠ
TỰ HÀO
MẶN
BUỒN NGỦ
MẠNH
HOANG DÃ

90 - Psychology

U	Y	V	T	G	N	Ở	Ư	T	Ý	U	R	C	U	L	C
R	A	H	P	O	M	H	L	N	U	Q	Y	Á	Ệ	V	R
Đ	Á	N	H	G	I	Á	Ậ	K	N	I	Ô	T	I	Á	C
G	K	T	C	N	V	K	V	N	R	L	M	Í	L	G	G
I	I	T	Ả	À	H	I	L	O	T	U	R	N	Ị	Q	T
Ấ	L	H	M	S	N	N	M	I	K	H	R	H	R	R	Ộ
C	C	H	G	M	À	H	P	K	H	Q	Ứ	G	T	D	Đ
M	U	K	I	Â	H	N	Ỉ	T	T	Ấ	B	C	H	B	G
Ơ	T	Q	Á	L	Y	G	Q	H	C	U	Ộ	C	H	Ẹ	N
Y	T	U	C	V	D	H	I	C	T	D	V	M	Y	G	U
Q	H	Ế	D	T	A	I	V	K	C	N	M	G	H	L	X
U	T	T	H	A	C	Ệ	Q	B	H	Ả	M	K	M	P	V
D	U	C	Ứ	H	T	M	Ề	I	T	U	M	V	M	G	Ấ
R	P	Ự	A	M	U	Q	Y	Q	N	M	I	X	A	U	N
Y	Ĩ	H	G	N	Y	U	S	K	Y	N	M	G	Ú	M	Đ
K	V	T	H	Ờ	I	T	H	Ơ	Ấ	U	L	Y	Y	C	Ề

CUỘC HẸN
ĐÁNH GIÁ
HÀNH VI
THỜI THƠ ẤU
LÂM SÀNG
NHẬN THỨC
XUNG ĐỘT
GIẤC MƠ
CÁI TÔI
CẢM XÚC
KINH NGHIỆM
Ý TƯỞNG
CÁ TÍNH
VẤN ĐỀ
THỰC TẾ
CẢM GIÁC
TIỀM THỨC
TRỊ LIỆU
SUY NGHĨ
BẤT TỈNH

91 - Math

K	H	H	U	D	Y	N	M	H	V	N	P	M	T	H	Â
S	O	N	G	S	O	N	G	S	M	K	H	V	A	Ì	M
U	O	Í	N	N	T	H	N	Ố	T	H	Â	I	M	N	L
I	L	K	Ứ	Â	Ổ	T	Ờ	H	S	C	N	L	G	H	Ư
U	I	G	X	H	B	T	Ư	Ọ	G	A	S	C	I	C	Ợ
Q	Q	N	I	P	U	C	R	C	Ó	G	Ố	H	Á	H	N
Q	Q	Ờ	Ố	P	L	D	T	Ọ	Á	D	C	U	C	Ữ	G
P	Y	Ư	Đ	Ậ	L	D	G	H	P	I	Ó	V	N	N	H
Q	R	Đ	T	H	L	U	N	H	K	P	G	I	L	H	O
R	R	K	C	T	V	P	Ả	N	C	M	G	A	M	Ậ	M
M	Y	C	V	T	K	G	U	Ì	M	T	N	U	Đ	T	D
P	G	T	V	V	O	V	Q	H	M	Ũ	Ô	V	C	I	T
P	G	V	U	N	K	T	H	V	C	I	U	K	A	O	L
D	H	T	C	N	B	T	C	K	T	R	V	L	H	D	B
D	H	Y	N	H	O	B	Á	N	K	Í	N	H	H	U	C
P	H	Ư	Ơ	N	G	T	R	Ì	N	H	D	G	T	Y	I

GÓC
SỐ HỌC
THẬP PHÂN
ĐƯỜNG KÍNH
PHƯƠNG TRÌNH
MŨ
PHÂN SỐ
HÌNH HỌC
SỐ
SONG SONG
CHU VI
VUÔNG GÓC
ĐA GIÁC
BÁN KÍNH
HÌNH CHỮ NHẬT
QUẢNG TRƯỜNG
TỔNG
ĐỐI XỨNG
TAM GIÁC
ÂM LƯỢNG

92 - Water

U	M	O	H	Q	I	R	G	N	Ố	U	I	U	L	I	U
C	O	H	U	I	C	Y	T	I	H	V	N	K	P	Y	U
G	N	Ơ	Ư	D	I	Ạ	Đ	Ơ	Ó	Q	C	G	I	R	C
N	E	M	U	Y	L	Y	M	H	K	M	Ẩ	Ộ	Đ	H	T
Ó	Y	Y	V	D	N	G	O	Y	U	N	Ù	S	Ô	N	G
S	D	A	S	C	C	Q	N	A	I	Ư	T	A	Y	Ê	T
U	T	O	P	E	I	L	T	B	C	Ớ	H	Ư	G	K	H
N	G	Q	K	O	R	Y	Ũ	K	Y	C	Ủ	M	I	C	H
E	T	U	Y	Ế	T	O	Q	L	R	Đ	Y	C	L	Ơ	P
S	S	Ư	Ơ	N	G	G	I	Á	Ụ	Á	L	Q	N	N	K
A	H	Ơ	I	N	Ư	Ớ	C	Q	T	T	Ợ	R	T	B	Y
O	V	A	O	A	C	V	L	D	C	U	I	T	H	Ã	T
H	Ồ	H	B	Y	D	R	U	T	R	Q	D	C	K	O	G
I	P	C	L	M	T	V	O	O	Y	C	A	B	V	A	M
Ò	M	L	P	N	L	B	Q	I	U	N	B	P	Q	K	V
V	H	A	C	O	D	R	T	Q	R	K	Y	O	T	I	O

KÊNH
UỐNG
BAY HƠI
LŨ LỤT
SƯƠNG GIÁ
GEYSER
CƠN BÃO
NƯỚC ĐÁ
THỦY LỢI
HỒ
ĐỘ ẨM
GIÓ MÙA
ĐẠI DƯƠNG
MƯA
SÔNG
VÒI HOA SEN
TUYẾT
HƠI NƯỚC
SÓNG

93 - Activities

A	N	O	B	Ứ	C	T	R	A	N	H	G	C	C	C	C
O	H	H	O	Ạ	T	Đ	Ộ	N	G	T	I	D	Ắ	Ọ	D
K	I	M	A	T	H	U	Ậ	T	N	H	Ả	P	M	Q	Đ
G	Ế	M	A	Y	L	T	N	A	Ă	Ư	I	H	T	P	Q
L	P	O	U	G	I	À	M	V	N	G	T	G	R	Y	Y
Q	Ả	T	M	N	K	I	M	R	Ỹ	I	R	Q	Ạ	N	U
V	N	A	Đ	H	Á	P	R	V	K	Ã	Í	C	I	D	N
M	H	G	K	L	C	D	T	K	Ư	N	D	K	I	A	U
V	Q	L	H	N	U	Â	Ậ	P	D	Ờ	M	K	A	D	B
D	A	P	M	R	Â	V	U	N	T	Q	N	B	N	G	H
I	C	N	V	U	C	B	H	Đ	S	Ă	N	B	Ắ	N	H
V	P	R	G	P	U	P	T	H	Ố	L	Y	G	R	V	K
T	R	Ò	C	H	Ơ	I	Ệ	B	A	Y	T	R	P	G	L
U	Y	D	I	H	B	V	H	U	B	Q	O	B	T	Y	I
L	K	A	D	N	K	O	G	N	Ò	L	I	À	H	K	A
V	K	B	I	C	K	G	N	Ô	C	Ủ	H	T	Ồ	Đ	N

HOẠT ĐỘNG
NGHỆ THUẬT
CẮM TRẠI
ĐỒ THỦ CÔNG
CÂU CÁ
TRÒ CHƠI
LÀM VƯỜN
SĂN BẮN
ĐAN
GIẢI TRÍ
MA THUẬT
BỨC TRANH
NHIẾP ẢNH
HÀI LÒNG
CÂU ĐỐ
ĐỌC
THƯ GIÃN
MAY
KỸ NĂNG

94 - Business

C	H	O	D	U	Ệ	L	H	Ý	L	N	Ả	U	Q	H	O
Y	À	K	I	P	T	P	Ệ	I	H	G	N	Ề	H	G	N
P	N	C	H	Ủ	N	H	Â	N	M	Â	Á	U	M	O	V
L	G	T	U	M	Ề	N	C	Y	C	N	B	Q	G	M	G
D	H	N	À	R	I	A	R	A	R	S	B	H	Y	D	Y
R	Ó	U	H	I	T	L	N	N	H	Á	C	C	N	A	K
Đ	A	A	M	Â	C	B	P	B	Y	C	V	T	D	A	G
B	Ầ	D	Ệ	L	N	H	P	T	Á	H	Ă	O	V	I	H
Y	A	U	I	M	T	V	Í	A	M	B	N	N	D	U	T
D	C	B	T	Y	N	R	I	N	À	C	P	U	T	K	T
C	Y	N	A	Ư	T	B	O	Ê	H	Ế	H	T	D	B	K
K	O	V	Ử	U	I	G	M	M	N	U	Ò	K	R	H	I
H	B	Y	C	U	Ề	V	O	P	Ậ	H	N	U	H	T	N
Q	H	A	I	I	N	P	U	K	Y	T	G	N	Ô	C	H
G	I	Ả	M	G	I	Á	C	H	I	P	H	Í	Q	Y	T
L	Y	N	I	D	U	R	O	H	H	T	B	K	V	P	Ế

NGÂN SÁCH
NGHỀ NGHIỆP
CÔNG TY
CHI PHÍ
TIỀN TỆ
GIẢM GIÁ
KINH TẾ
NHÂN VIÊN
CHỦ NHÂN
NHÀ MÁY
TÀI CHÍNH
THU NHẬP
ĐẦU TƯ
QUẢN LÝ
HÀNG HÓA
TIỀN
VĂN PHÒNG
BÁN
CỬA TIỆM
THUẾ

95 - The Company

N	Q	D	X	U	H	Ư	Ớ	N	G	N	I	N	T	Đ	Y
T	U	T	A	P	Y	M	T	P	R	G	T	P	O	Ầ	T
P	T	L	G	N	Ợ	Ư	L	T	Ấ	H	C	Ệ	B	U	R
S	O	I	T	T	H	N	A	O	D	H	N	I	K	T	Ì
Q	Ả	H	B	G	V	T	A	G	O	T	Ê	H	V	Ư	N
B	U	N	T	G	C	D	I	T	T	O	Y	G	I	D	H
M	U	Y	P	M	U	D	P	Ế	T	B	U	N	Ệ	O	B
P	N	O	Ế	H	I	M	Ệ	U	N	G	G	N	C	A	À
O	H	O	H	T	Ẩ	P	I	R	T	G	N	Ê	L	N	Y
R	Ủ	I	R	O	Đ	M	H	C	O	N	I	Y	À	H	T
K	H	B	C	Ạ	H	Ị	G	N	À	Ă	À	U	M	T	I
G	H	P	C	T	B	H	N	U	N	N	T	H	R	H	Ế
U	T	U	M	G	P	Q	G	H	C	Ả	M	C	I	U	N
D	D	D	U	N	I	O	N	G	Ầ	H	N	D	C	B	B
A	A	U	V	Á	C	D	Ô	Q	U	K	I	P	M	D	Ộ
D	C	H	P	S	U	P	C	Đ	Ơ	N	V	Ị	U	L	Q

KINH DOANH
SÁNG TẠO
QUYẾT ĐỊNH
VIỆC LÀM
TOÀN CẦU
CÔNG NGHIỆP
ĐẦU TƯ
KHẢ NĂNG
TRÌNH BÀY
SẢN PHẨM
CHUYÊN NGHIỆP
TIẾN BỘ
CHẤT LƯỢNG
DANH TIẾNG
TÀI NGUYÊN
DOANH THU
RỦI RO
XU HƯỚNG
ĐƠN VỊ

96 - Literature

Y	O	C	O	G	O	N	D	B	L	Y	G	Y	P	B	T
N	Ế	I	K	Ý	I	Ạ	O	H	T	I	Ộ	H	H	À	Á
S	H	N	M	K	Q	A	C	R	Ề	Q	B	C	O	I	C
Ự	S	Ị	L	O	P	C	I	Ự	Đ	D	T	Ị	N	T	G
M	K	O	P	D	A	C	U	T	Ủ	R	I	K	G	H	I
I	G	I	S	Y	V	B	G	G	H	M	R	I	C	Ơ	Ả
Ê	T	I	L	Á	R	B	A	N	C	O	T	B	Á	G	Ẩ
U	T	O	R	N	N	Ầ	V	Ơ	P	C	Ạ	P	C	T	N
T	G	H	M	Q	B	H	Q	Ư	Y	M	R	I	H	I	D
Ả	P	K	Y	Y	V	R	V	T	N	L	C	K	L	Ể	Ụ
V	I	Ễ	N	T	Ư	Ở	N	G	N	P	H	C	R	U	U
L	P	H	Â	N	T	Í	C	H	G	T	N	V	Q	S	U
P	H	Ầ	N	K	Ế	T	L	U	Ậ	N	B	U	R	Ử	C
T	I	Ể	U	T	H	U	Y	Ế	T	V	I	G	T	O	C
U	G	P	N	L	D	K	G	K	V	D	G	H	H	N	M
L	M	R	G	T	G	B	Y	Y	M	Y	A	G	Ơ	P	O

TƯƠNG TỰ
PHÂN TÍCH
GIAI THOẠI
TÁC GIẢ
TIỂU SỬ
SO SÁNH
PHẦN KẾT LUẬN
SỰ MIÊU TẢ
HỘI THOẠI
VIỄN TƯỞNG
ẨN DỤ
TIỂU THUYẾT
Ý KIẾN
BÀI THƠ
THƠ
VẦN
NHỊP
PHONG CÁCH
CHỦ ĐỀ
BI KỊCH

97 - Geography

S	V	Y	P	Y	T	Q	O	I	D	A	A	H	L	I	L
B	Ô	L	Q	G	H	N	O	H	O	B	I	A	I	C	I
Ả	P	N	N	B	À	K	M	H	Ư	Ớ	N	G	T	Â	Y
N	V	R	G	Á	N	M	B	L	R	L	Y	O	R	R	Q
Đ	Y	V	L	N	H	N	Ú	I	K	H	U	V	Ự	C	U
Ồ	B	G	B	C	P	T	L	B	U	K	C	I	H	P	Ố
Đ	I	H	Ắ	Ầ	H	K	L	V	U	A	U	M	K	I	C
G	Ộ	T	C	U	Ố	Y	H	U	U	Ị	T	G	H	V	G
B	Đ	C	L	Ã	N	H	T	H	Ổ	Đ	A	L	M	A	I
N	Ĩ	B	A	O	B	C	G	K	Y	C	A	T	A	C	A
Q	V	C	A	O	I	N	M	N	G	Ụ	O	H	N	S	I
A	A	V	T	N	Ể	I	T	G	V	L	Ả	Ế	A	T	H
G	C	A	M	G	N	Ơ	Ư	D	I	Ạ	Đ	G	Í	O	L
K	I	N	H	T	U	Y	Ế	N	P	D	V	I	H	M	M
O	R	B	T	C	A	T	A	G	M	H	V	Ớ	P	D	Y
G	B	Q	C	Q	O	V	M	Y	U	Q	T	I	Y	D	U

ATLAS
THÀNH PHỐ
LỤC ĐỊA
QUỐC GIA
ĐỘ CAO
BÁN CẦU
ĐẢO
VĨ ĐỘ
BẢN ĐỒ
KINH TUYẾN
NÚI
BẮC
ĐẠI DƯƠNG
KHU VỰC
SÔNG
BIỂN
PHÍA NAM
LÃNH THỔ
HƯỚNG TÂY
THẾ GIỚI

98 - Jazz

D	T	Q	V	B	B	T	L	P	L	U	B	N	M	T	P
À	I	G	V	M	U	À	Q	H	B	Y	D	U	U	M	C
N	G	T	Q	K	Ổ	I	I	T	D	N	A	G	P	U	N
N	N	C	Q	N	I	N	Y	A	Y	Ũ	C	G	M	K	I
H	H	I	H	Ầ	H	Ă	C	H	A	D	Ạ	U	U	Ớ	Q
Ạ	Ấ	R	I	H	Ò	N	H	R	R	G	H	L	B	U	I
C	N	V	G	P	A	G	B	G	R	L	N	L	L	T	P
Q	M	Â	B	H	N	A	D	I	Ổ	N	N	Ứ	A	H	H
B	Ạ	M	À	N	H	N	H	Ị	P	D	Ạ	D	H	Ể	O
D	N	N	I	À	Ạ	D	H	Q	L	M	O	A	K	L	N
P	H	H	H	H	C	D	N	G	H	Ệ	S	Ĩ	Ỹ	O	G
O	L	Ạ	Á	T	K	V	M	N	N	G	À	R	T	Ạ	C
A	P	C	T	N	A	V	R	Ố	C	V	H	N	H	I	Á
Y	Ê	U	T	H	Í	C	H	R	H	O	N	D	U	D	C
O	V	C	O	H	D	Y	R	T	D	B	U	U	Ậ	P	H
I	Y	B	O	Y	N	I	G	N	P	U	Y	T	T	M	D

ALBUM
NGHỆ SĨ
NHÀ SOẠN NHẠC
THÀNH PHẦN
BUỔI HÒA NHẠC
TRỐNG
NHẤN MẠNH
NỔI DANH
YÊU THÍCH
THỂ LOẠI
HỨNG
ÂM NHẠC
MỚI
CŨ
DÀN NHẠC
NHỊP
BÀI HÁT
PHONG CÁCH
TÀI NĂNG
KỸ THUẬT

99 - Nature

L	D	T	T	D	A	P	R	N	M	Y	O	G	H	I	S
S	U	M	M	D	Q	D	K	C	G	D	L	N	D	A	Ô
Ô	T	L	C	O	U	R	Y	P	B	X	I	U	U	D	N
N	V	Ẻ	Đ	Ẹ	P	C	C	L	Ù	H	Ó	R	B	M	G
G	H	D	K	P	K	L	C	I	M	Ò	N	I	Ú	N	I
B	N	N	Ă	N	G	Đ	Ộ	N	G	A	C	Ạ	M	A	S
Ă	Á	O	R	P	M	O	L	T	N	B	V	H	B	Ò	E
N	H	L	H	Ừ	G	L	V	U	Ơ	Ì	B	V	Y	N	N
G	T	Ậ	V	G	N	Ộ	Đ	R	Ư	N	H	G	H	V	E
M	Q	P	H	Q	Ọ	G	C	G	S	H	N	V	D	T	R
G	I	B	O	Q	R	R	M	Y	I	T	G	V	H	R	E
H	D	Ắ	A	G	T	D	G	U	K	Y	I	Y	I	C	S
L	Á	C	N	H	N	O	N	H	I	Ệ	T	Đ	Ớ	I	D
T	C	C	G	D	A	U	H	C	K	M	T	D	G	U	G
Q	P	Ự	D	Q	U	R	V	Q	Y	O	B	U	H	V	T
A	B	C	Ã	C	Q	Q	L	Đ	Á	M	M	Â	Y	M	G

ĐỘNG VẬT
BẮC CỰC
VẺ ĐẸP
ONG
ĐÁM MÂY
SA MẠC
NĂNG ĐỘNG
XÓI MÒN
SƯƠNG MÙ
LÁ
RỪNG
SÔNG BĂNG
NÚI
HÒA BÌNH
SÔNG
THÁNH
SERENE
NHIỆT ĐỚI
QUAN TRỌNG
HOANG DÃ

100 - Vacation #2

C	I	B	X	G	I	Đ	O	U	C	O	T	I	A	K	O
Ắ	T	T	Ả	E	N	Ả	C	B	O	R	H	L	B	H	K
M	R	U	R	N	T	O	R	R	D	R	Ị	K	N	Á	M
T	H	D	R	O	Đ	Ắ	B	Y	P	Ễ	T	I	Y	C	U
R	T	U	Q	R	D	Ồ	C	T	G	L	H	C	B	H	B
Ạ	G	D	M	B	G	L	P	X	A	Y	Ự	H	B	S	D
I	Í	R	T	I	Ả	I	G	P	I	À	C	V	G	Ạ	K
O	Ú	R	B	Ể	T	U	A	G	Y	G	D	T	L	N	M
P	V	N	H	N	Ể	Y	U	H	C	N	Ậ	V	Ề	V	G
U	T	D	K	O	G	A	Ử	L	E	X	I	T	U	B	R
A	T	A	D	N	L	B	U	C	I	C	R	R	Ế	Ã	O
B	Y	I	C	H	N	N	Ế	Đ	M	Ể	I	Đ	I	I	Y
A	G	D	I	I	N	Â	B	A	B	I	P	Q	H	B	V
B	B	B	I	T	V	S	I	D	U	N	D	G	C	I	P
H	À	N	H	T	R	Ì	N	H	N	Ả	I	I	Ộ	Ể	P
N	G	O	Ạ	I	Q	U	Ố	C	O	D	N	G	H	N	G

SÂN BAY
BÃI BIỂN
CẮM TRẠI
ĐIỂM ĐẾN
NGOẠI QUỐC
NGÀY LỄ
KHÁCH SẠN
ĐẢO
HÀNH TRÌNH
GIẢI TRÍ
BẢN ĐỒ
NÚI
HỘ CHIẾU
ẢNH
BIỂN
XE TẮC XI
LỀU
XE LỬA
VẬN CHUYỂN
THỊ THỰC

1 - Antiques

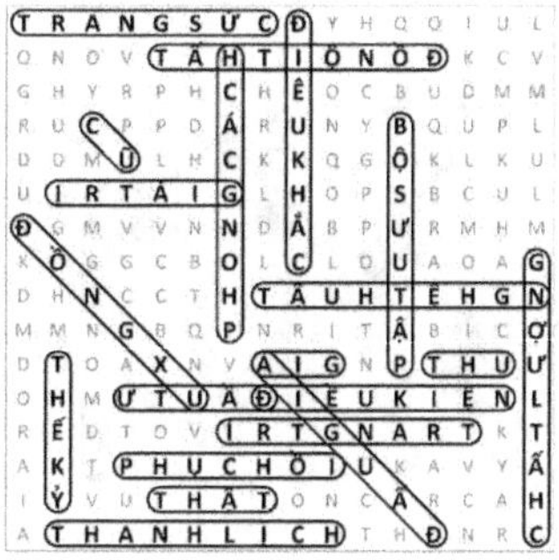

2 - Food #1

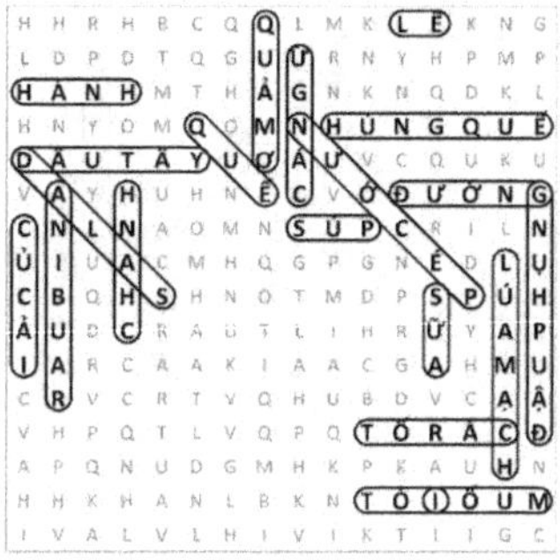

3 - Measurements

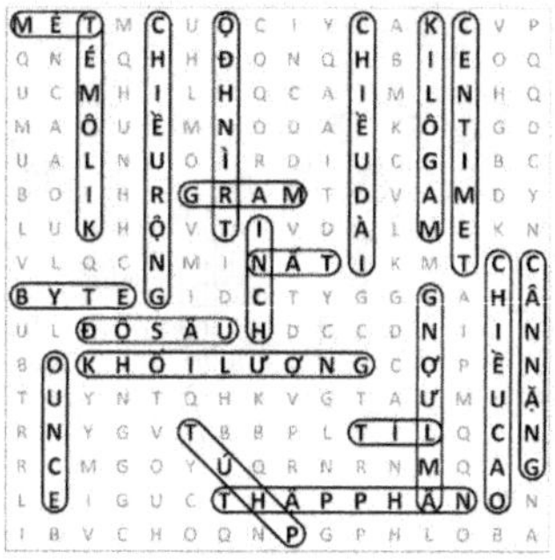

4 - Farm #2

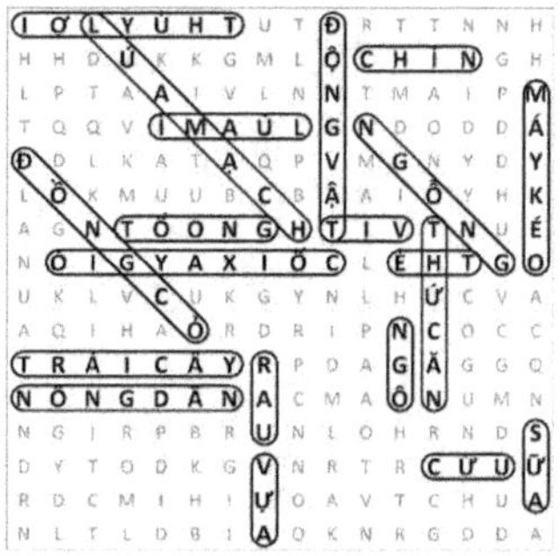

5 - Books

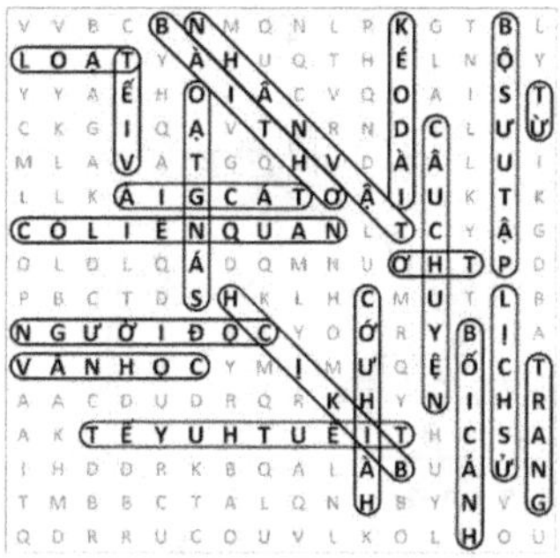

6 - Meditation

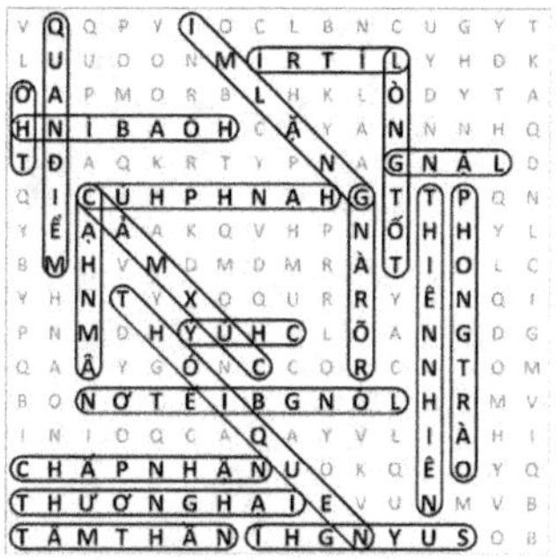

7 - Days and Months

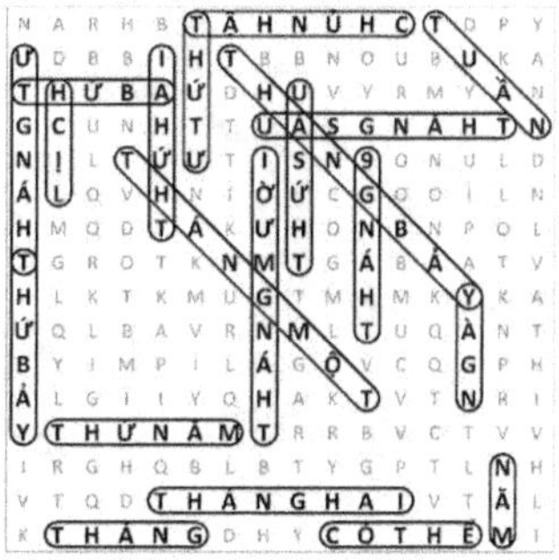

8 - Energy

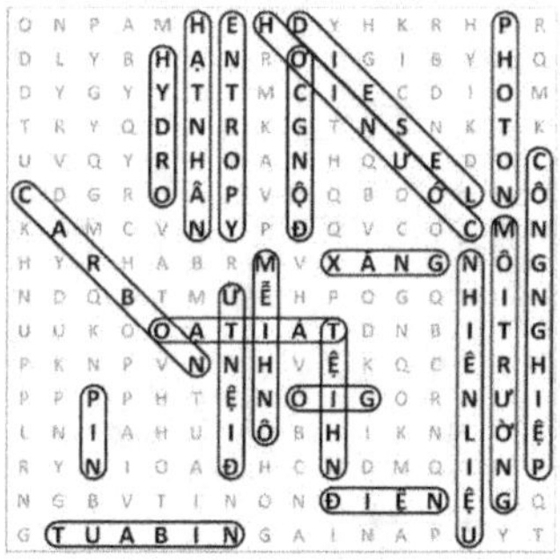

9 - Chess

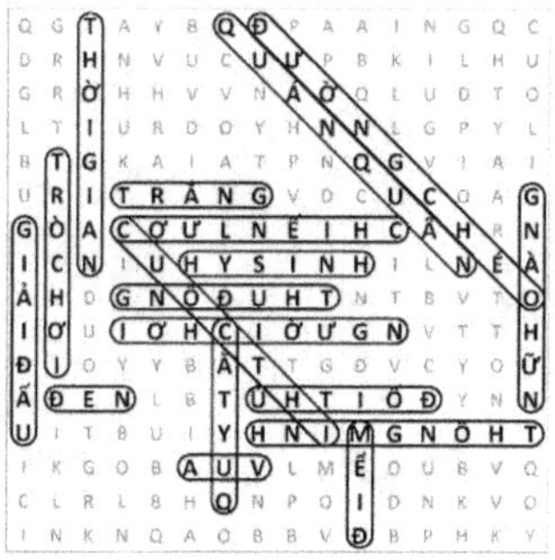

10 - Archeology

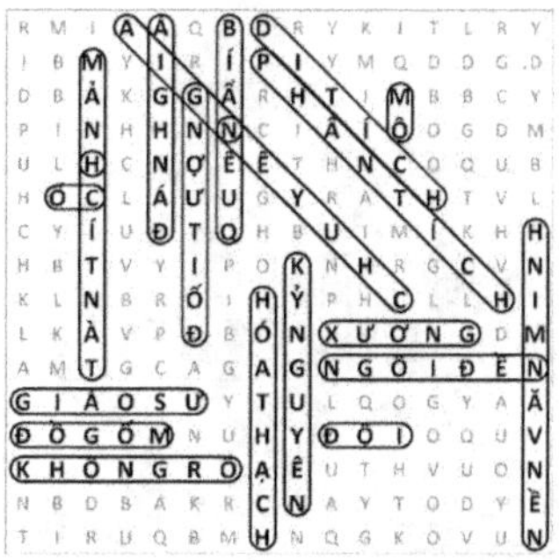

11 - Food #2

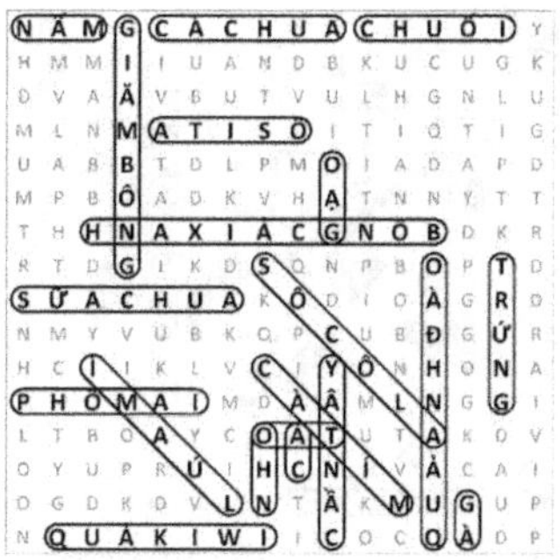

12 - Chemistry

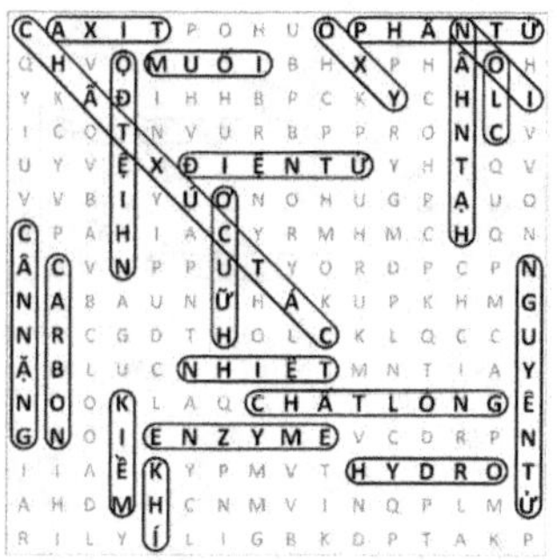

13 - Music

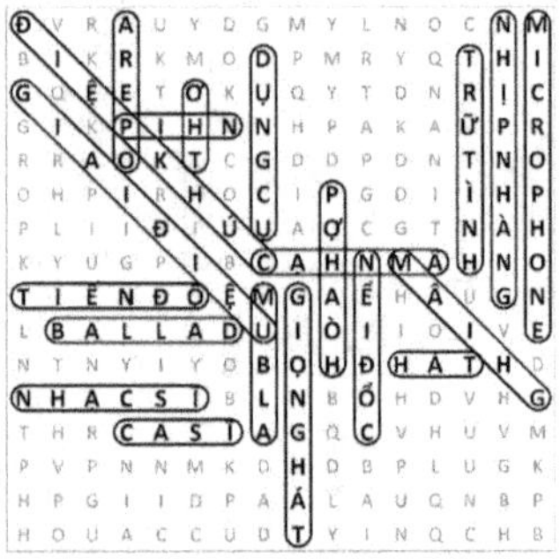

14 - Family

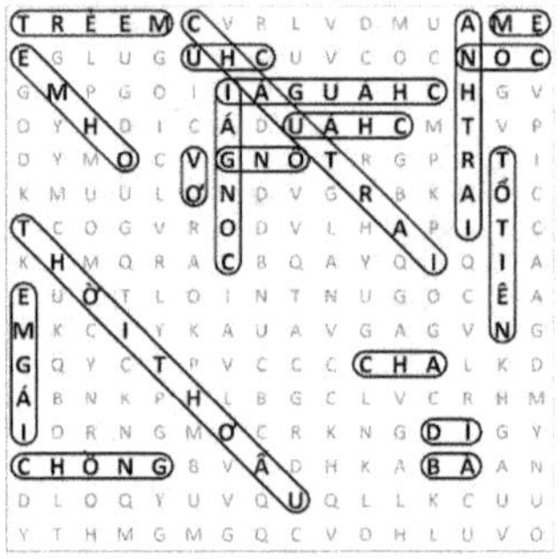

15 - Farm #1

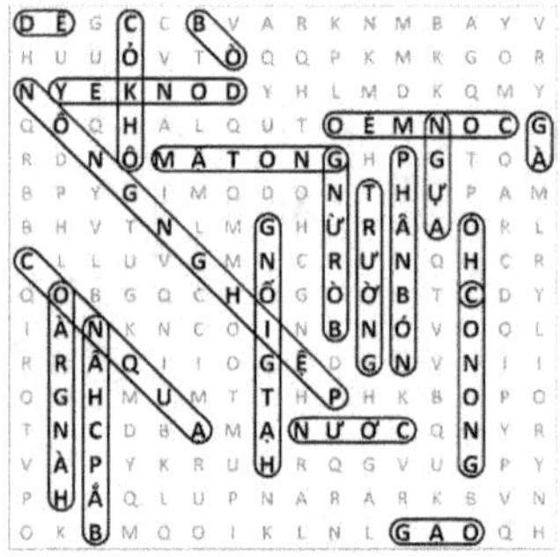

16 - Camping

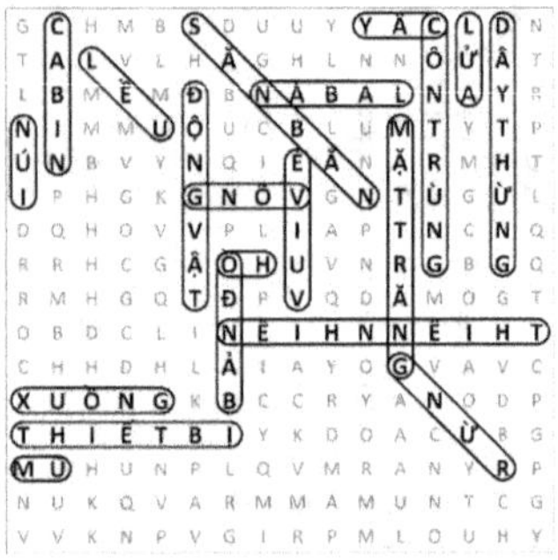

17 - Algebra

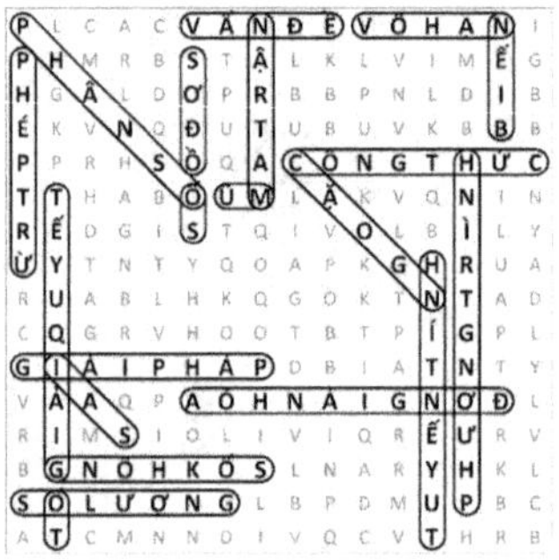

18 - Numbers

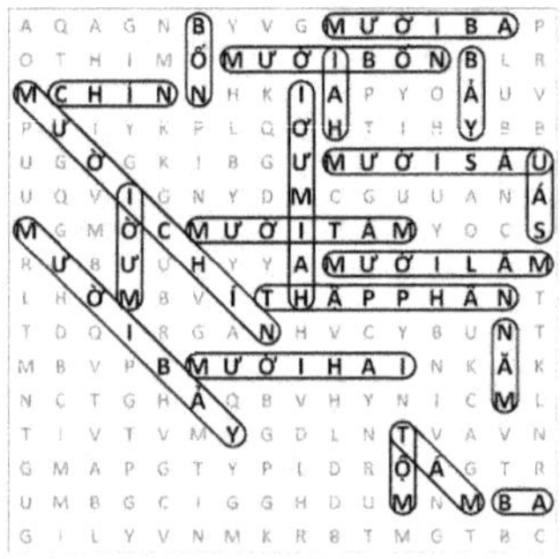

19 - Spices

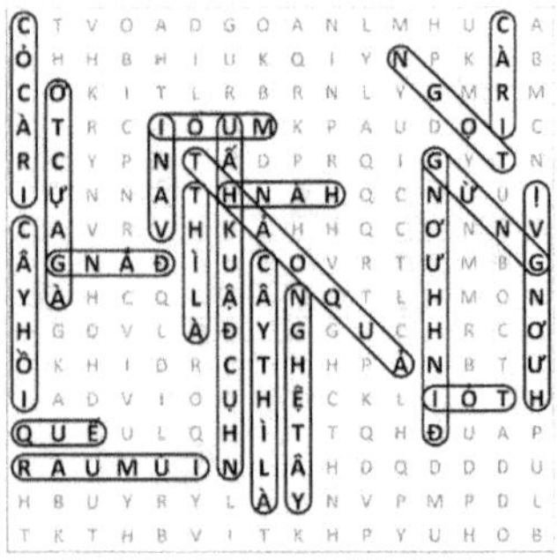

20 - Mammals

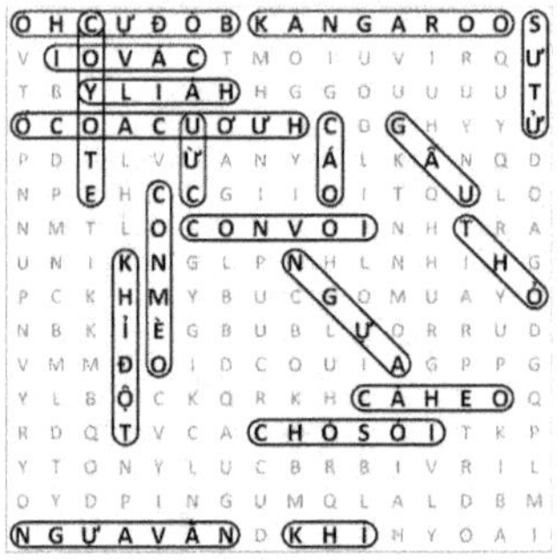

21 - Fishing

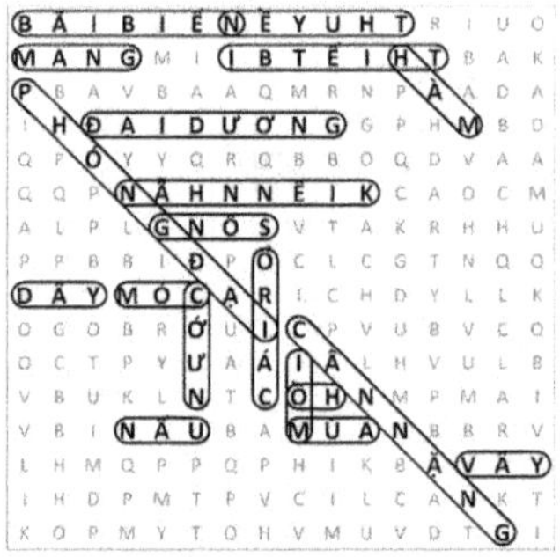

22 - Bees

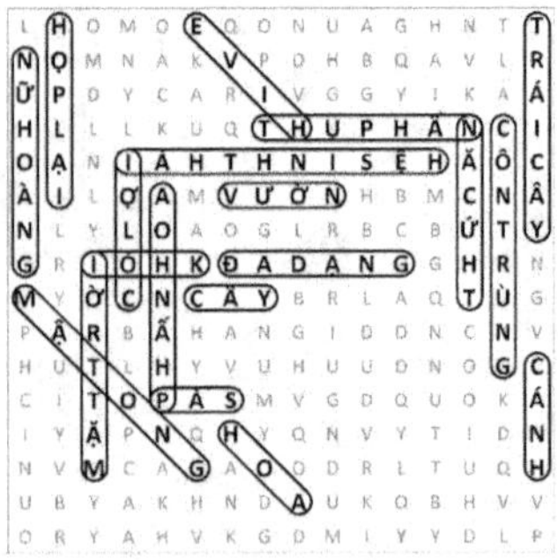

23 - Weather

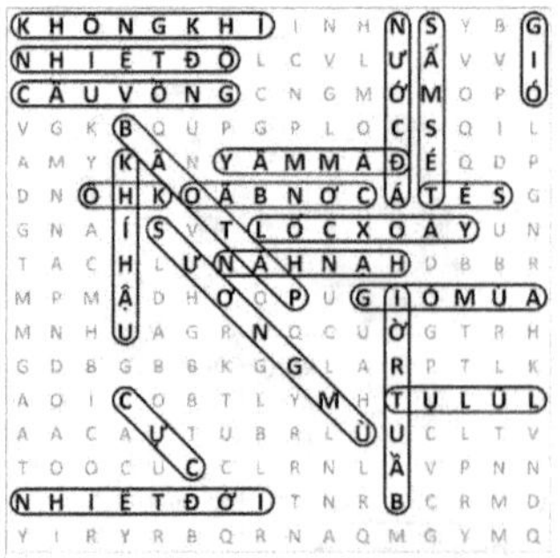

24 - Restaurant #2

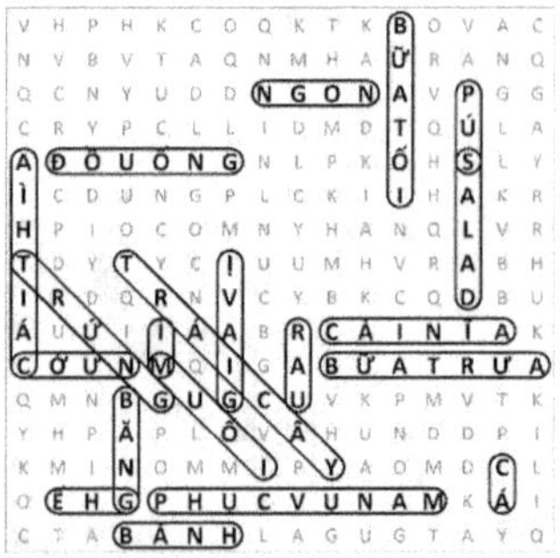

25 - Geology

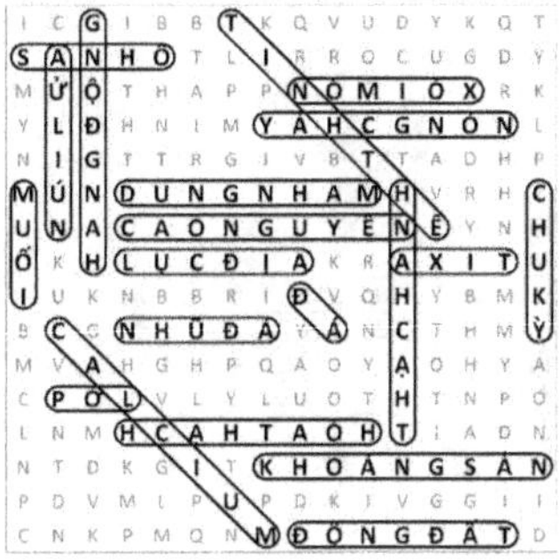

26 - House

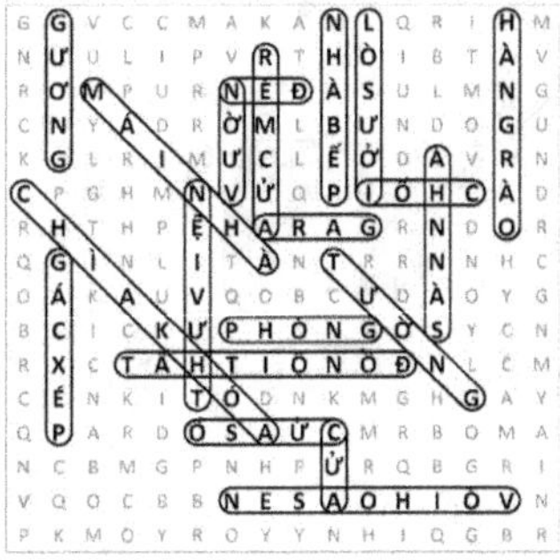

27 - Physics

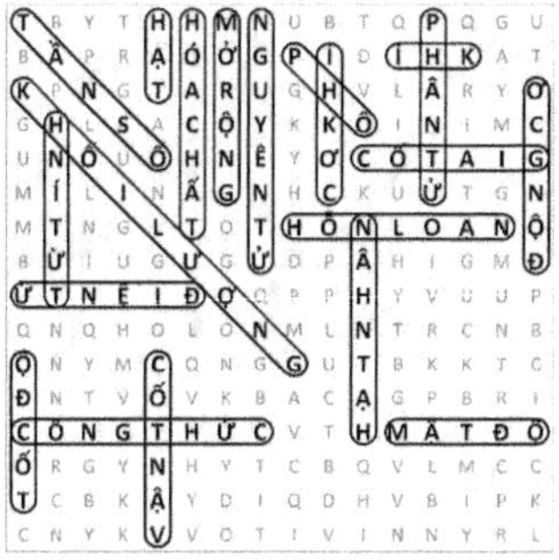

28 - Coffee

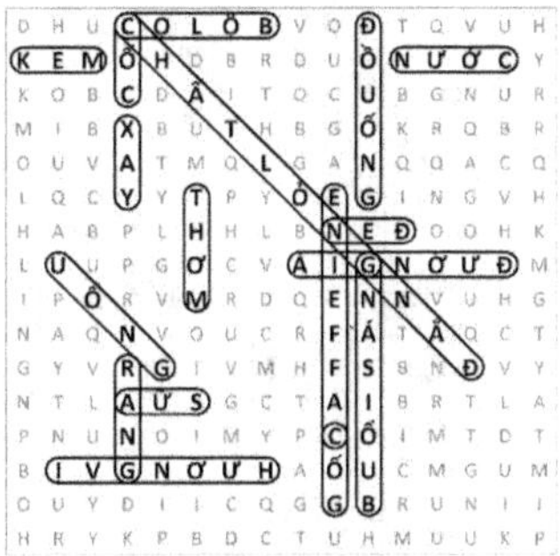

29 - Shapes

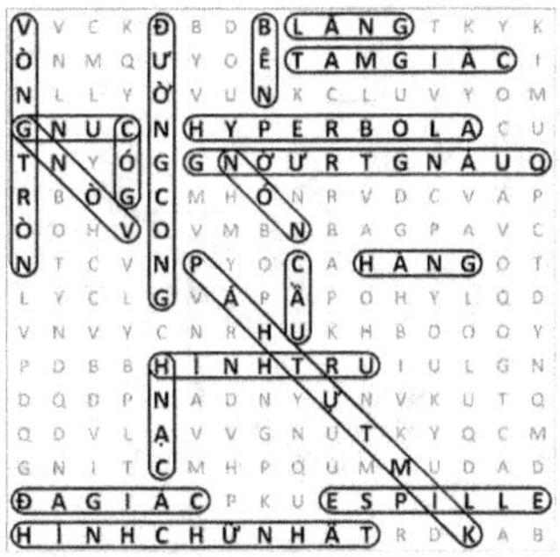

30 - Scientific Disciplines

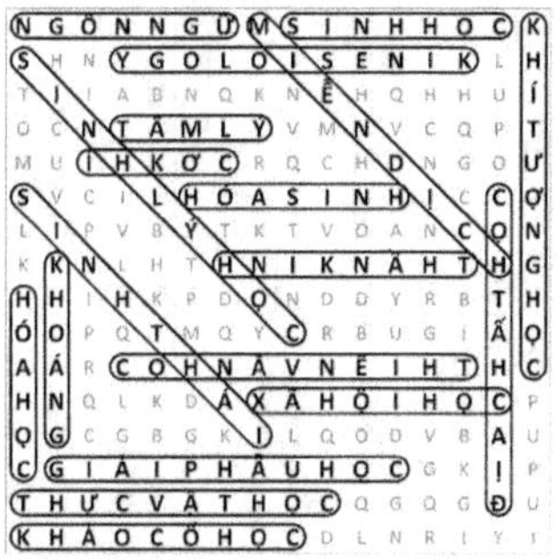

31 - Science

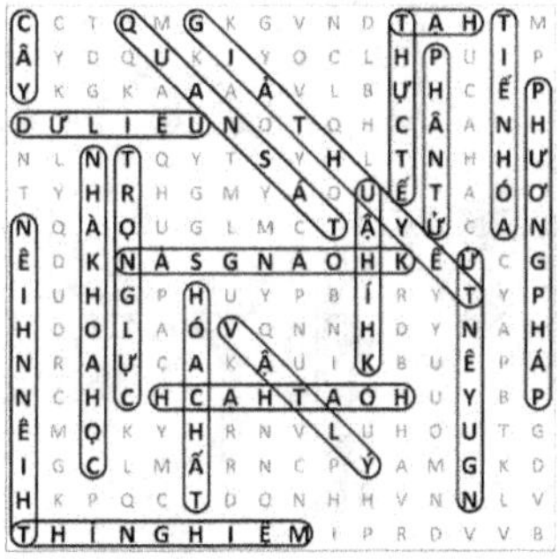

32 - Beauty

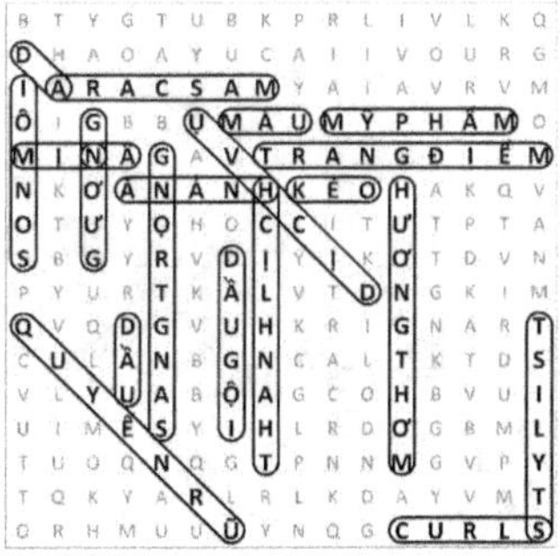

33 - Clothes

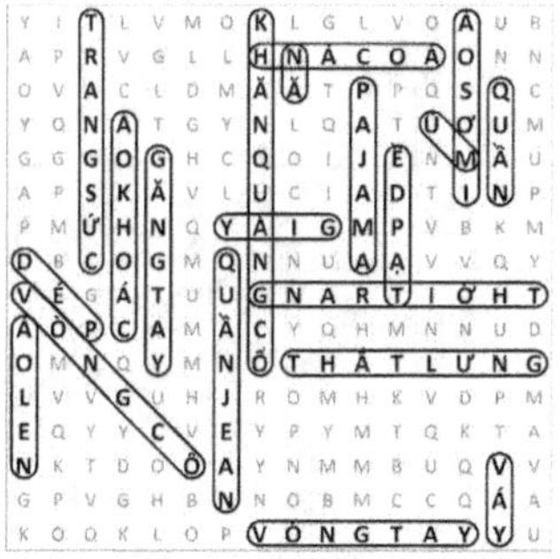

34 - Insects

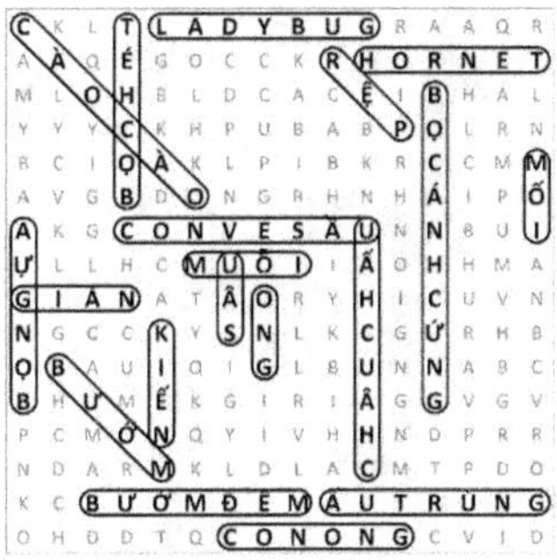

35 - Astronomy

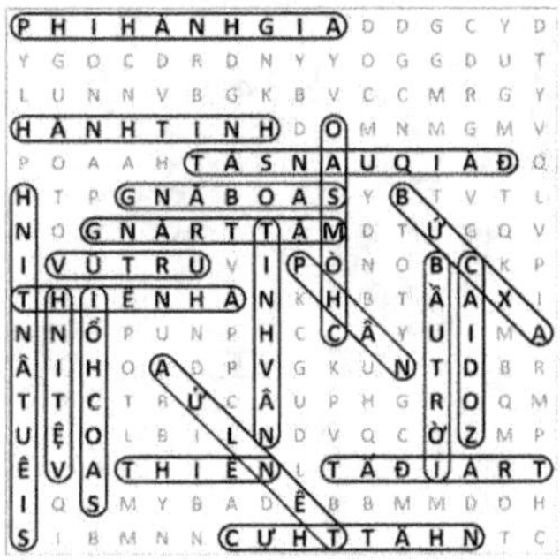

36 - Health and Wellness #2

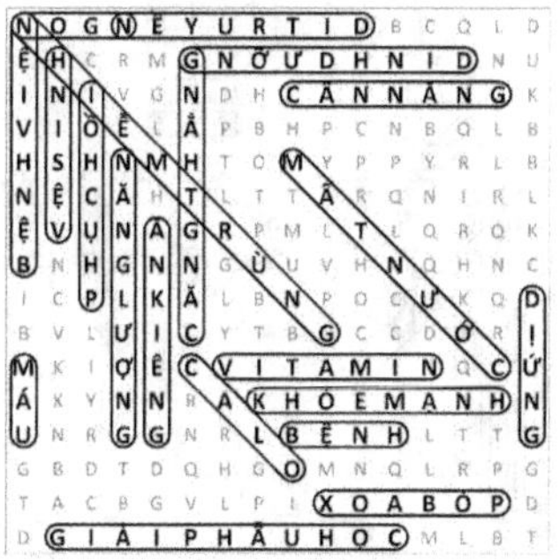

37 - Disease

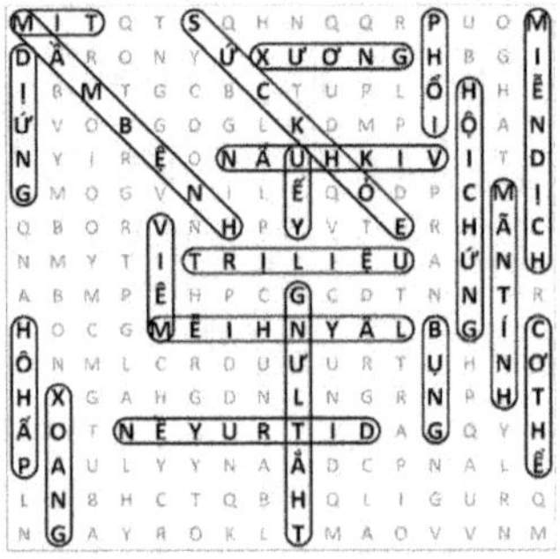

38 - Time

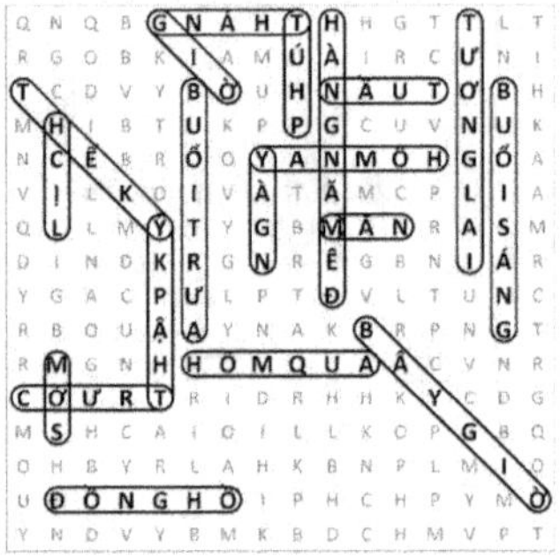

39 - Buildings

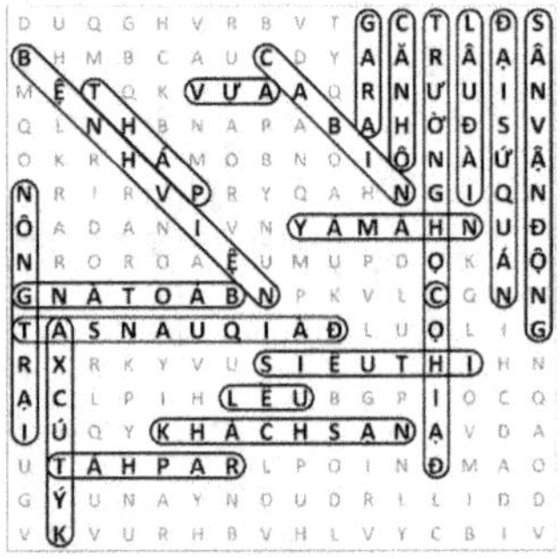

40 - Philanthropy

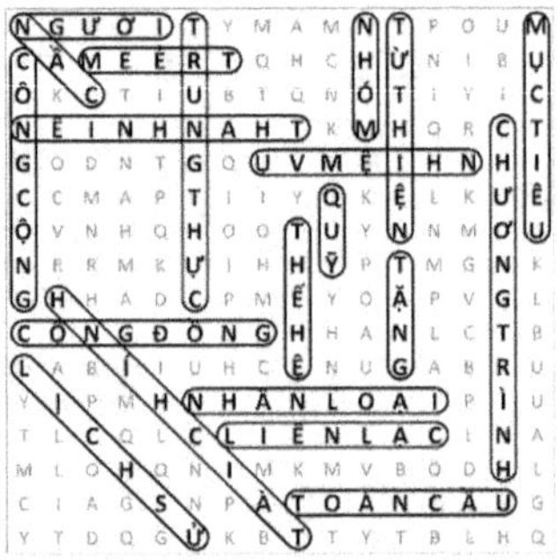

41 - Herbalism

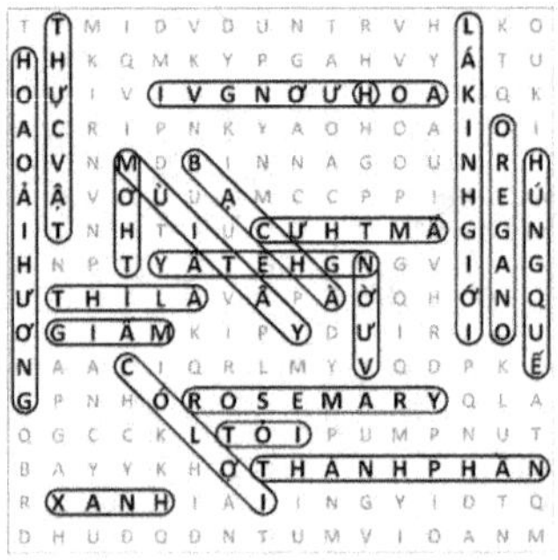

42 - Vehicles

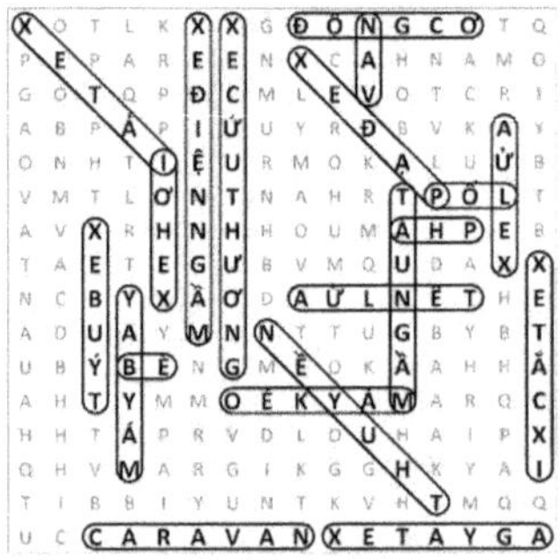

43 - Flowers

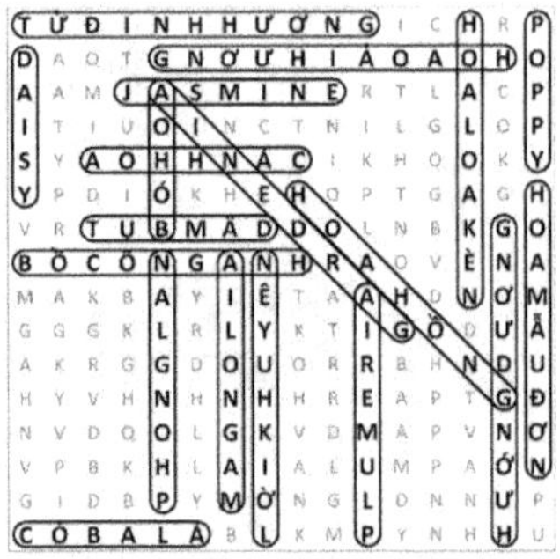

44 - Health and Wellness #1

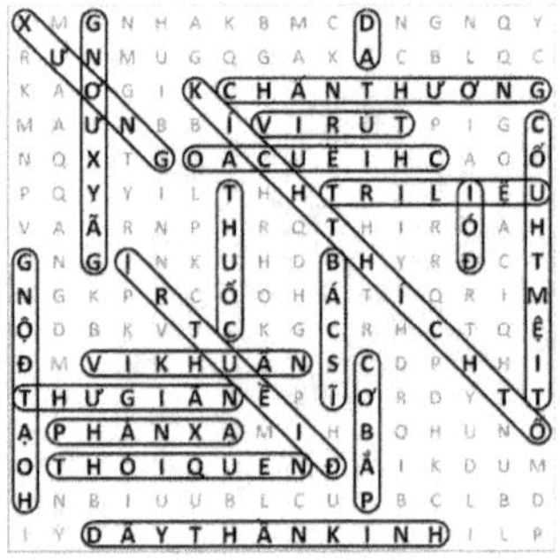

45 - Antarctica

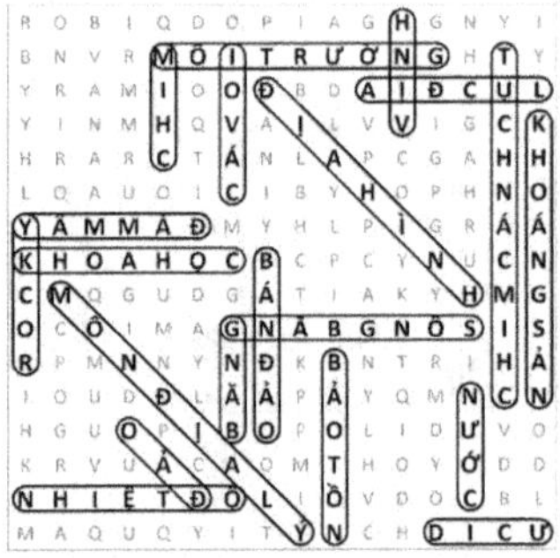

46 - Fashion

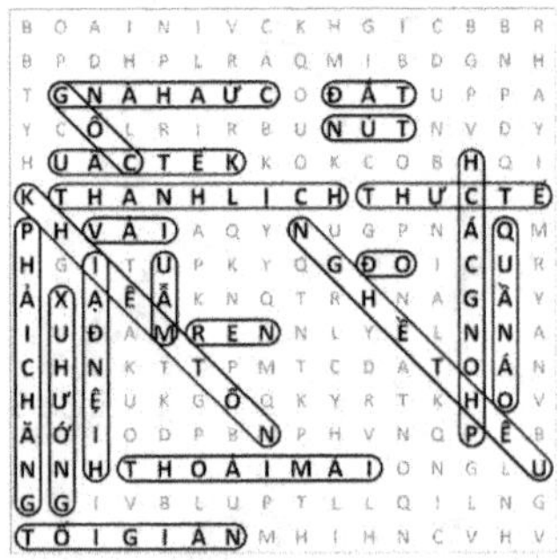

47 - Human Body

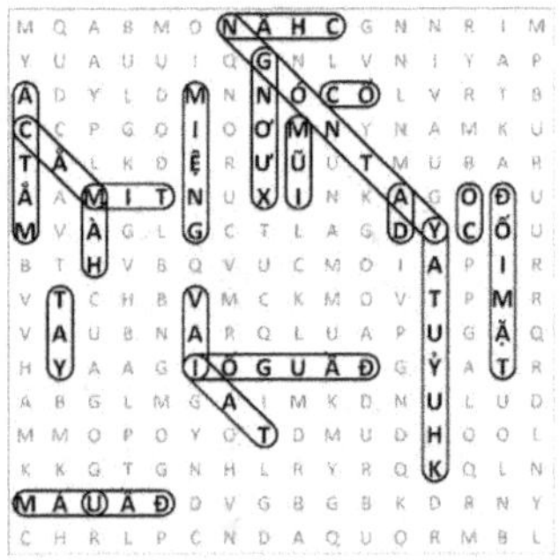

48 - Musical Instruments

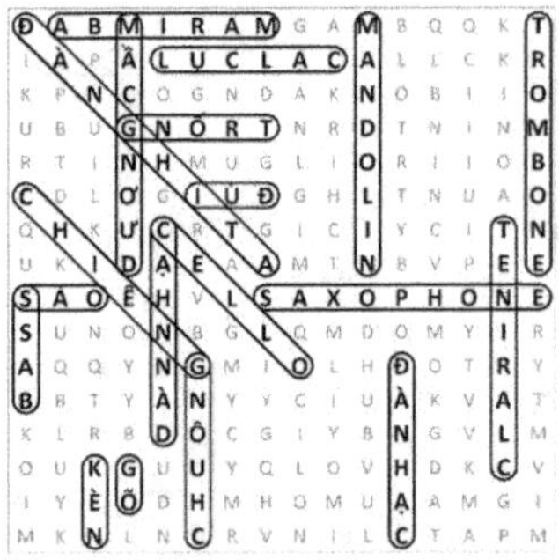

49 - Fruit

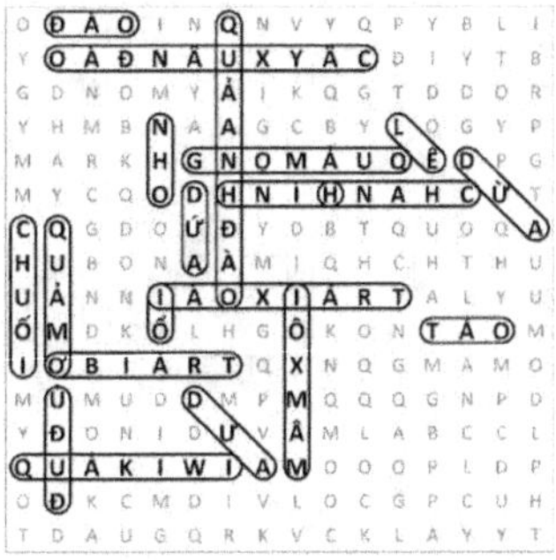

50 - Virtues #1

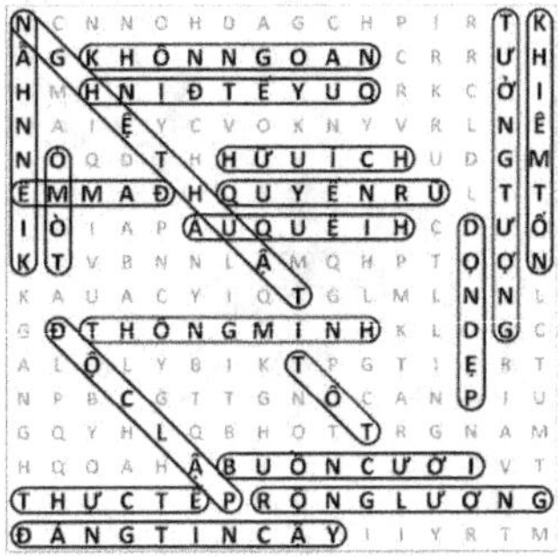

51 - Engineering

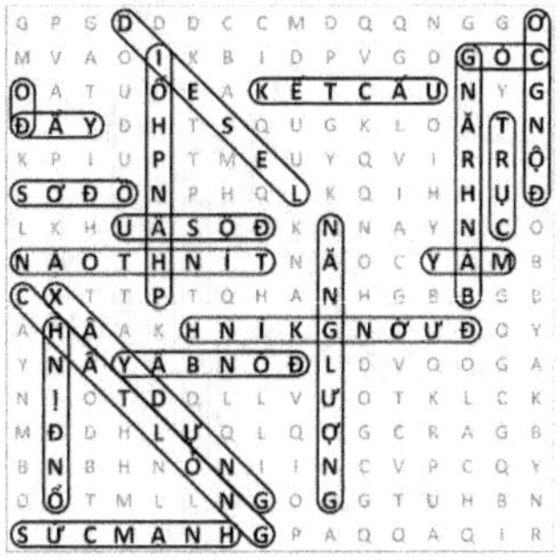

52 - Government

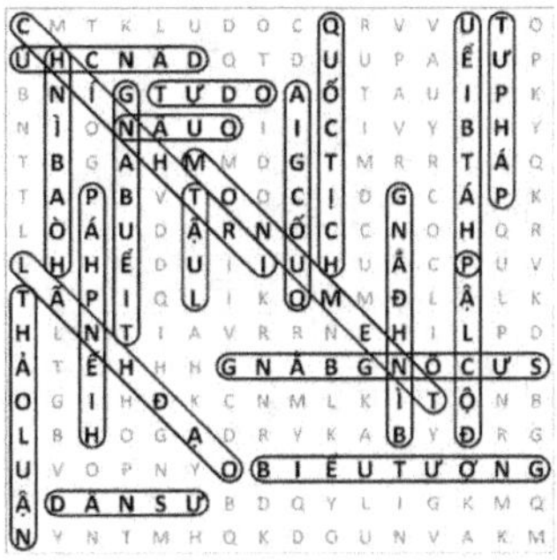

53 - Art Supplies

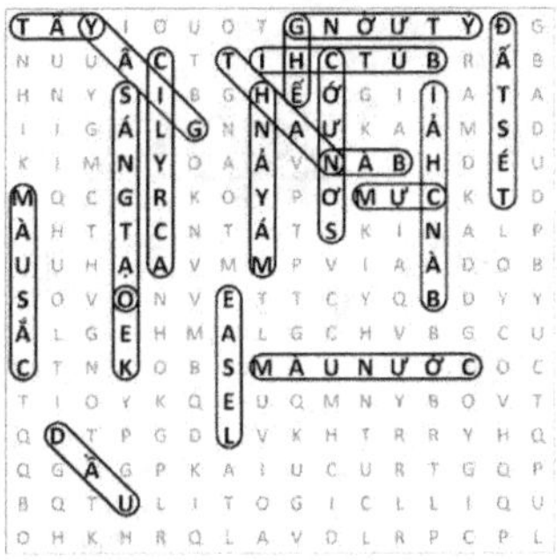

54 - Science Fiction

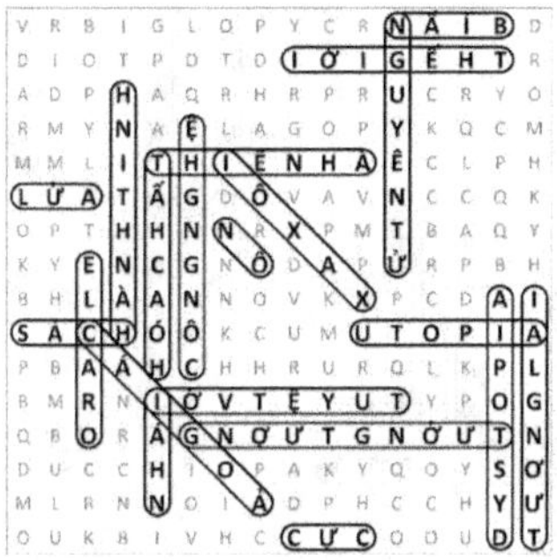

55 - Geometry

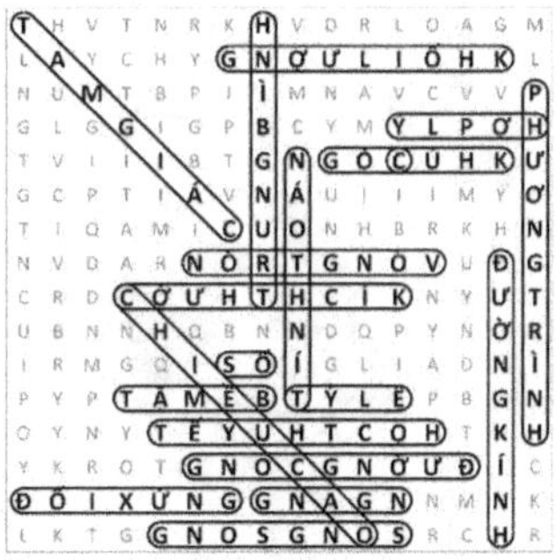

56 - Creativity

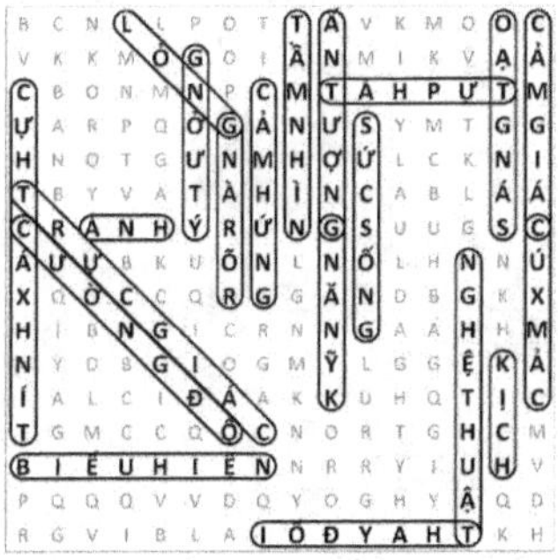

57 - Airplanes

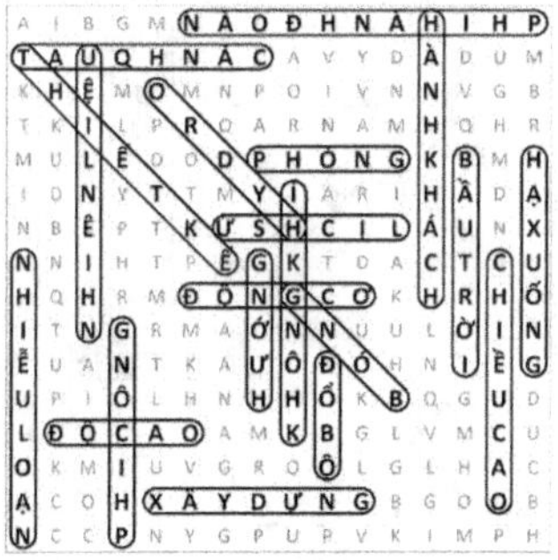

58 - Ocean

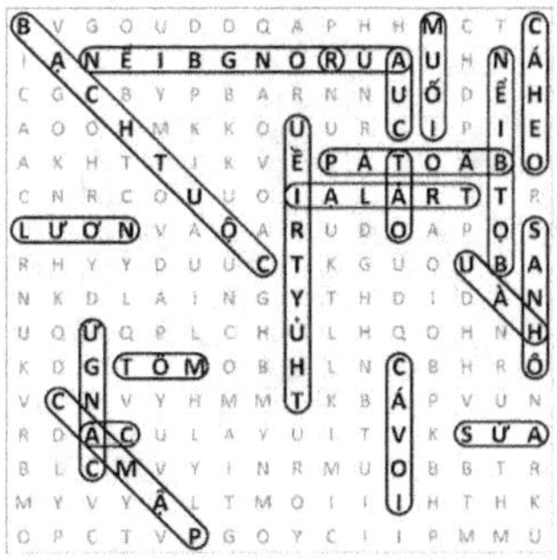

59 - Force and Gravity

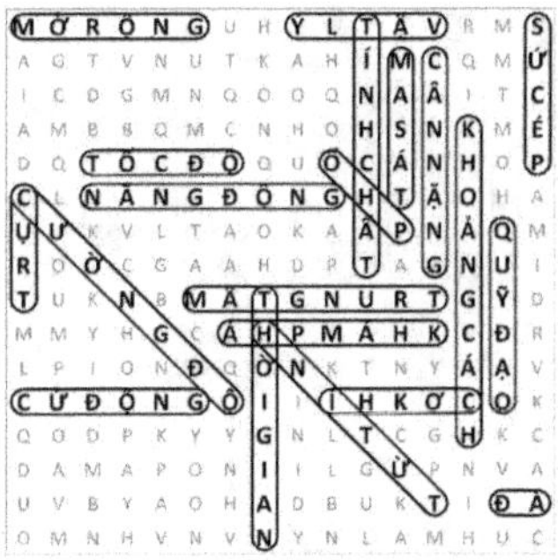

60 - Birds

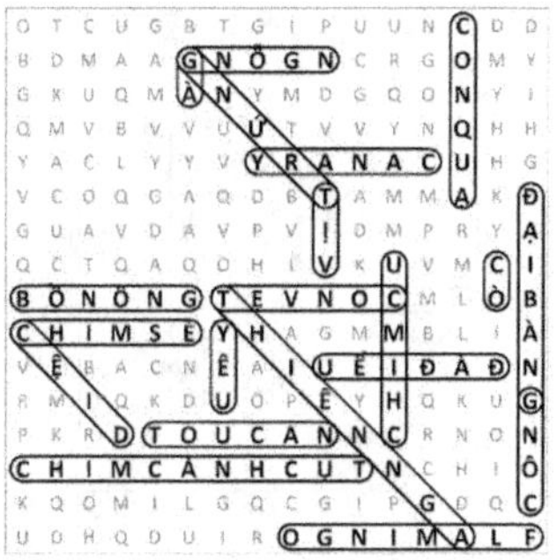

61 - Nutrition

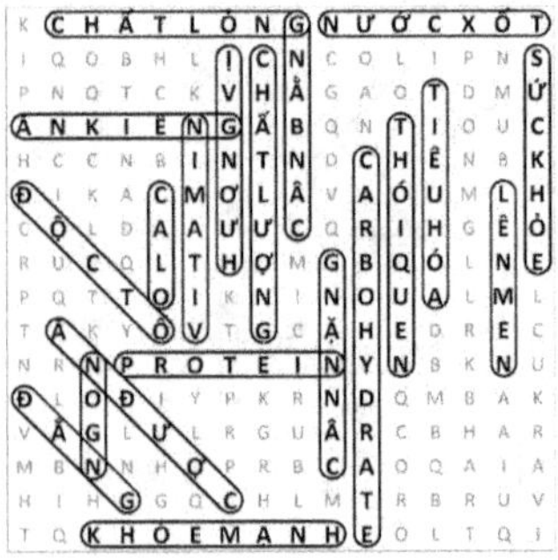

62 - Hiking

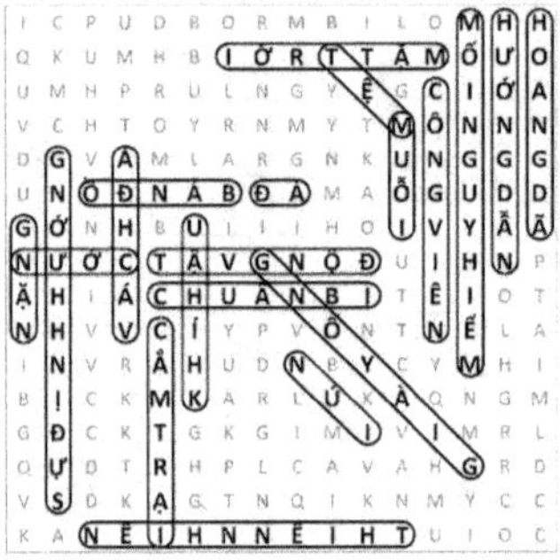

63 - Professions #1

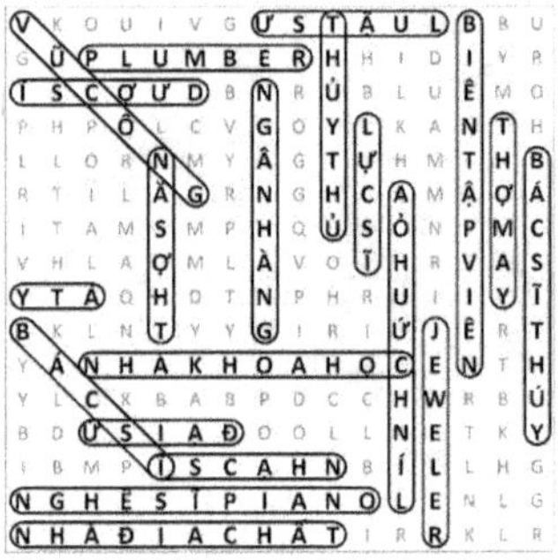

64 - Barbecues

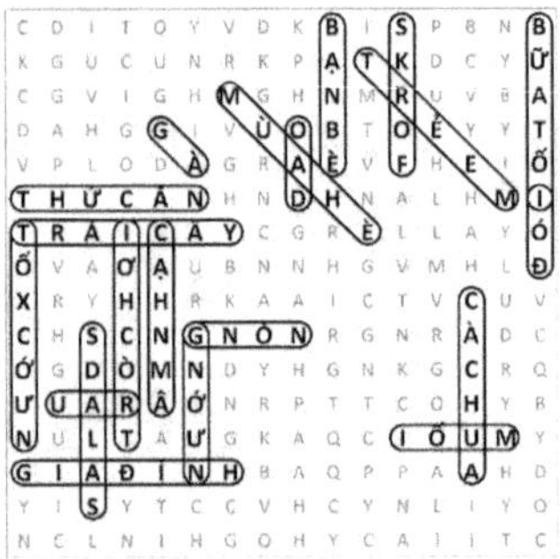

65 - Chocolate

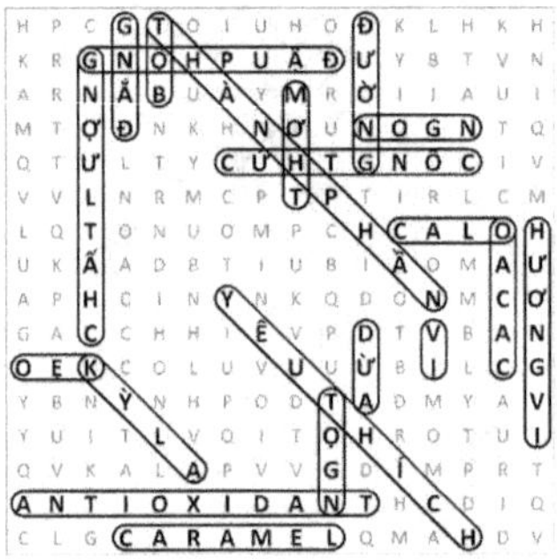

66 - Vegetables

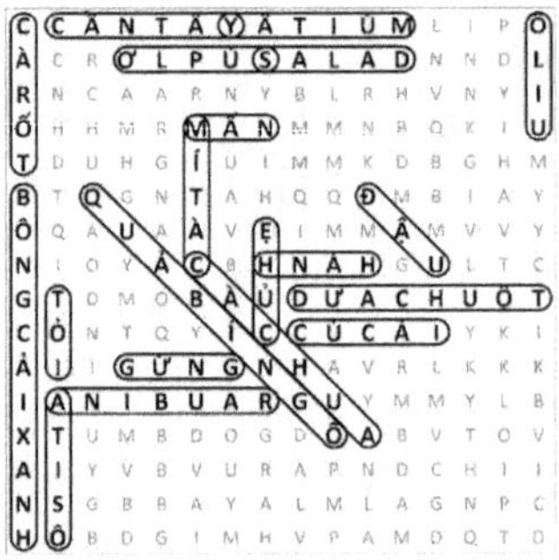

67 - The Media

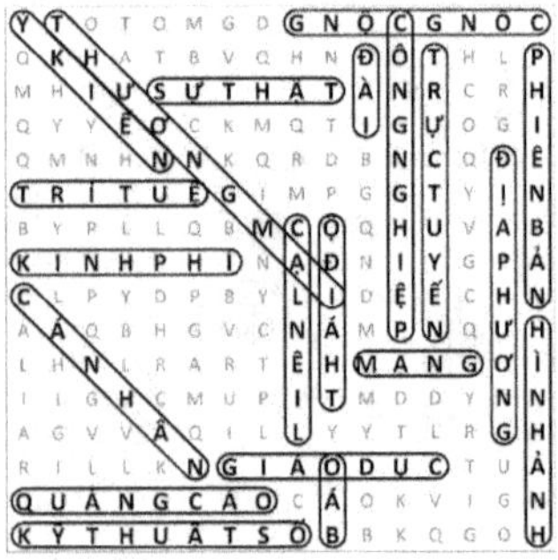

68 - Boats

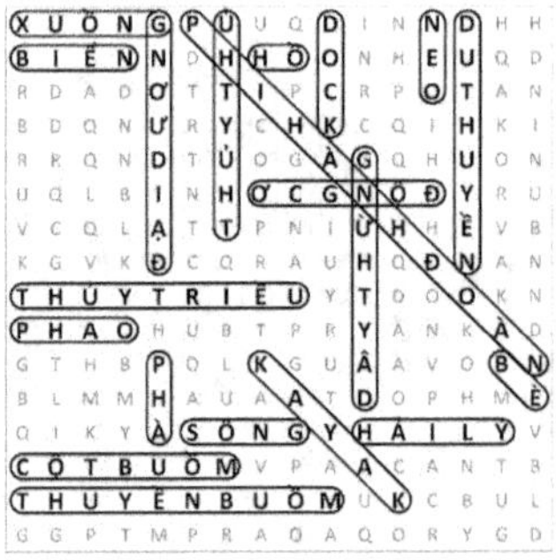

69 - Activities and Leisure

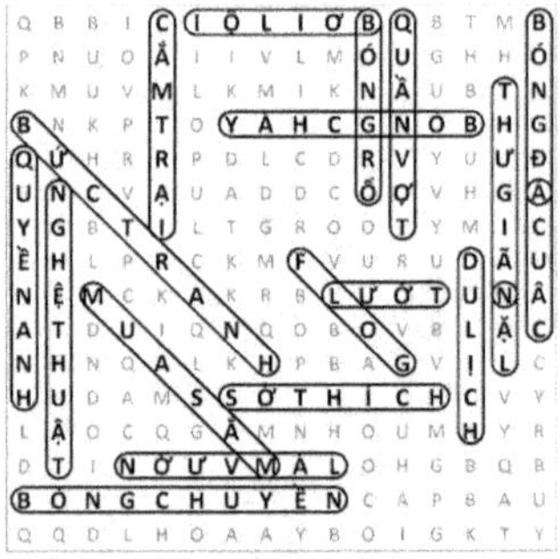

70 - Driving

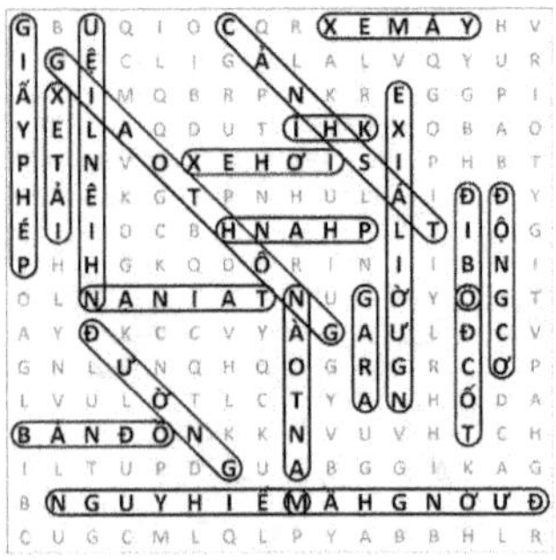

71 - Biology

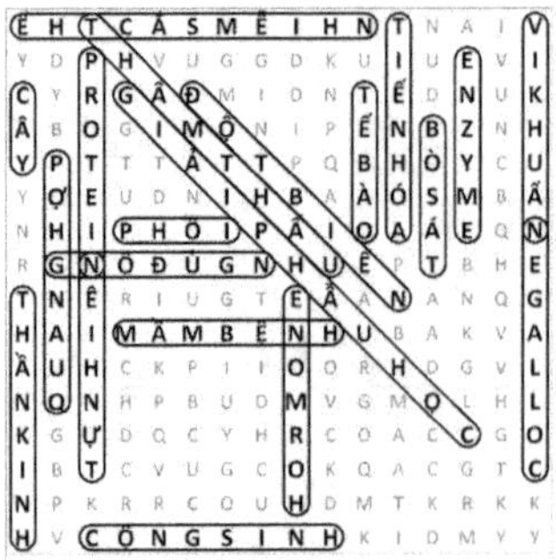

72 - Professions #2

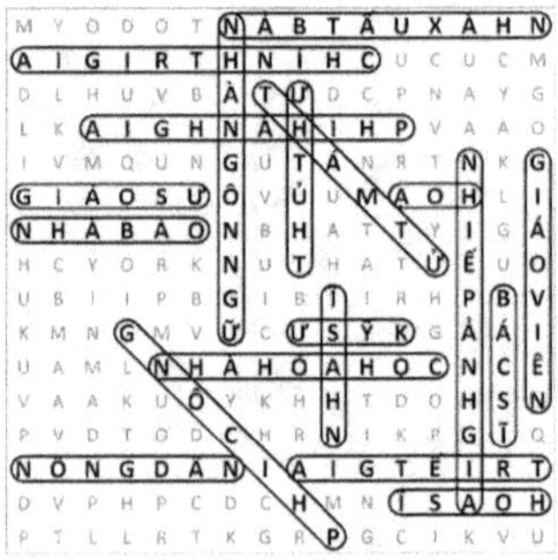

73 - Emotions

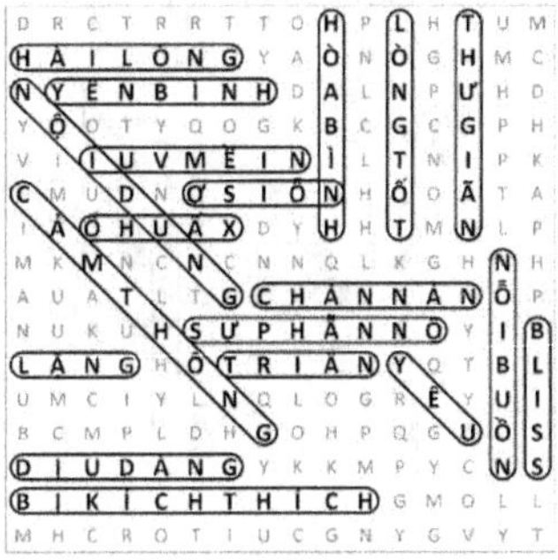

74 - Mythology

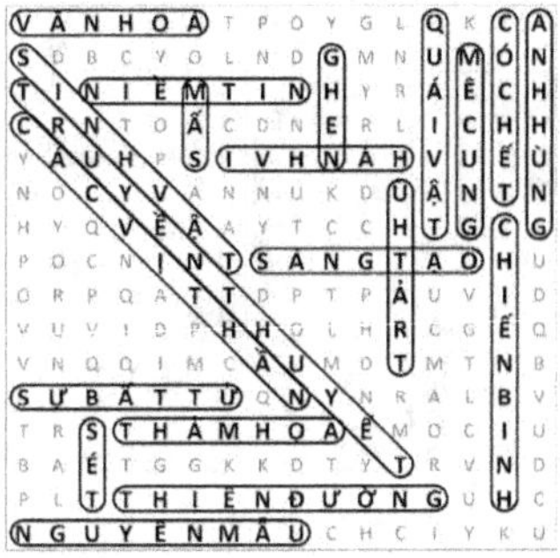

75 - Agronomy

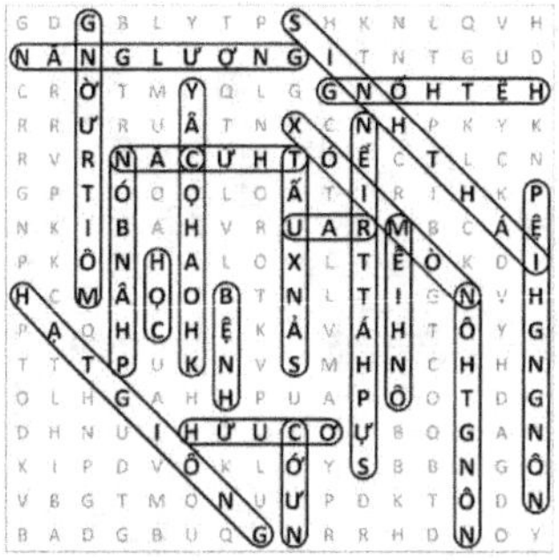

76 - Hair Types

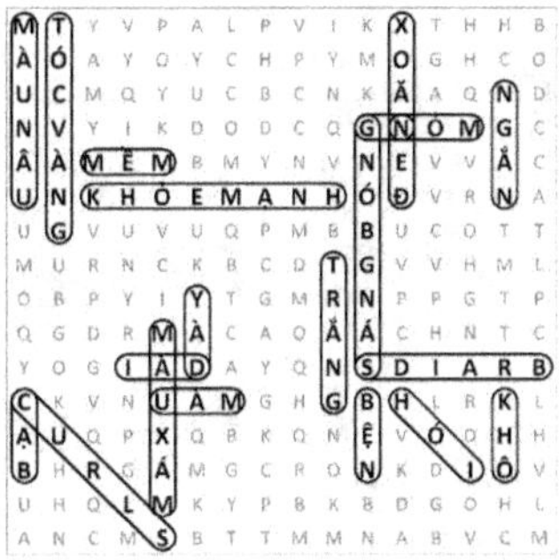

77 - Garden

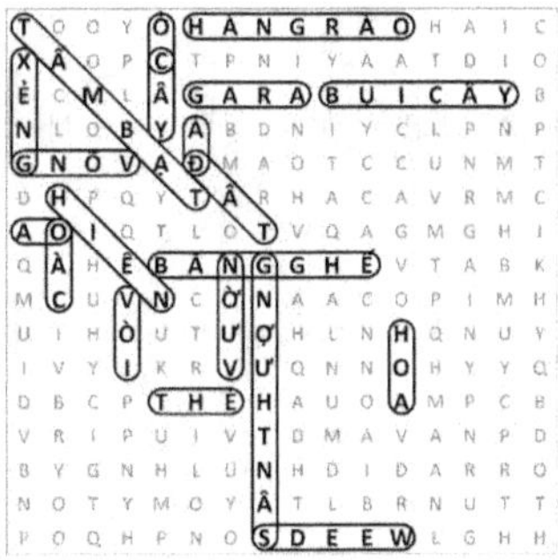

78 - Diplomacy

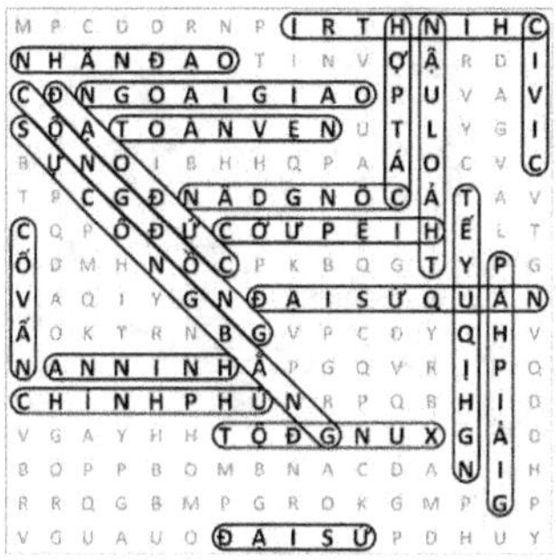

79 - Beach

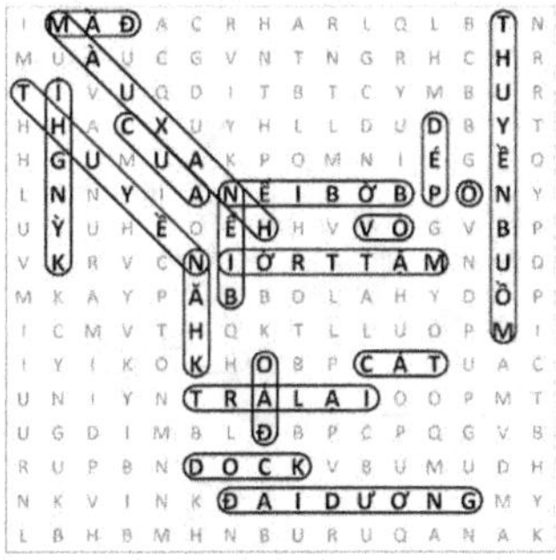

80 - Countries #1

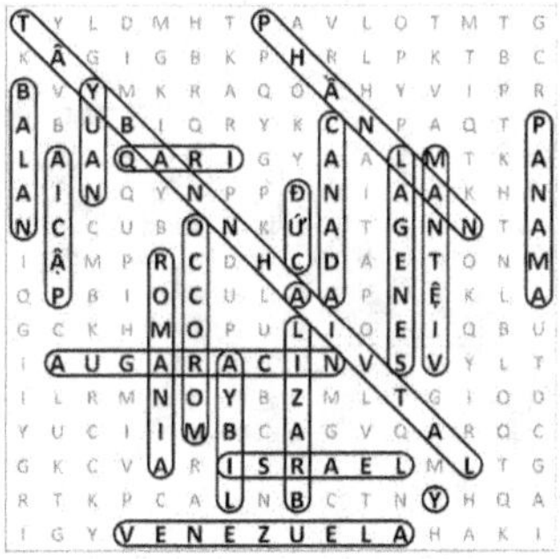

81 - Adjectives #1

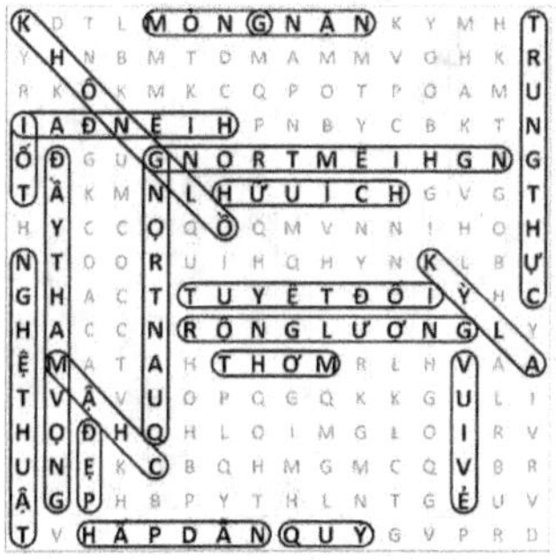

82 - Technology

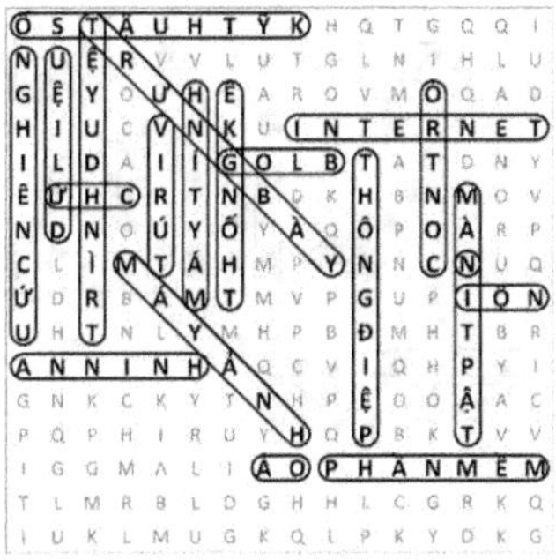

83 - Global Warming

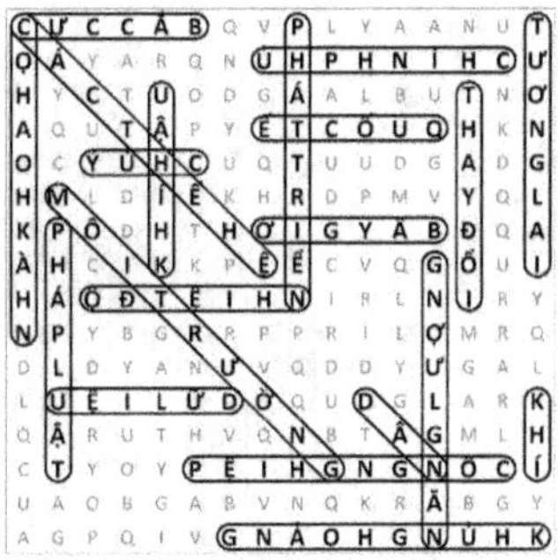

84 - Landscapes

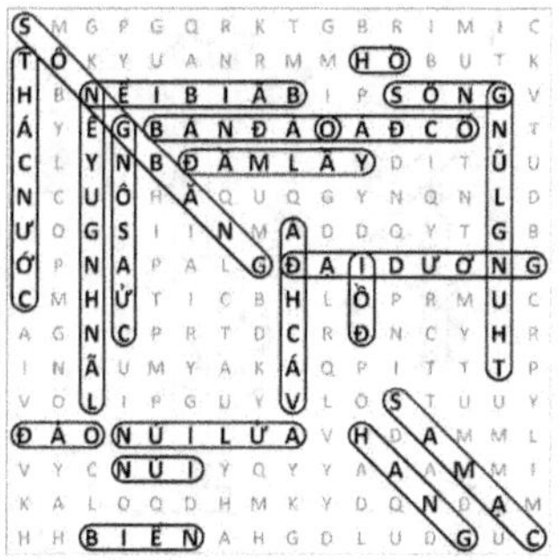

85 - Visual Arts

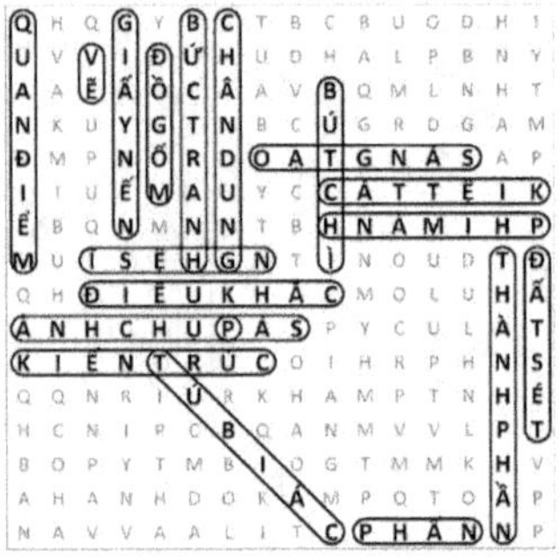

86 - Plants

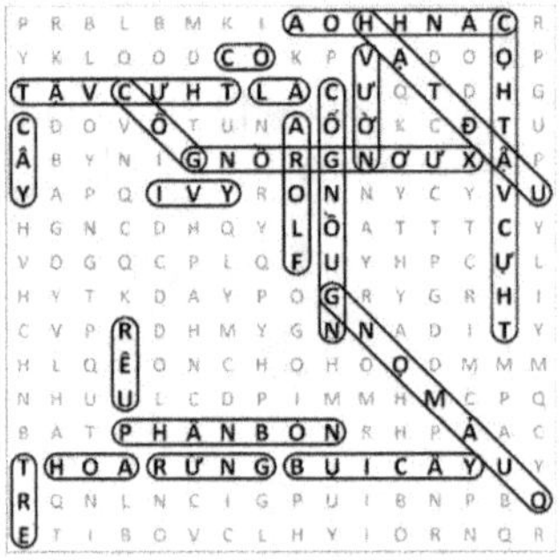

87 - Boxing

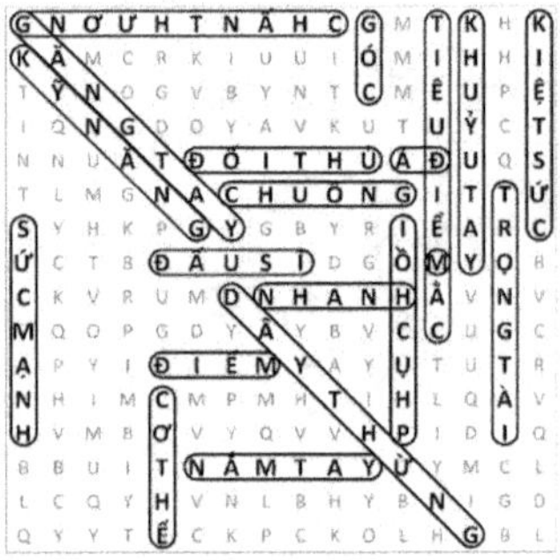

88 - Countries #2

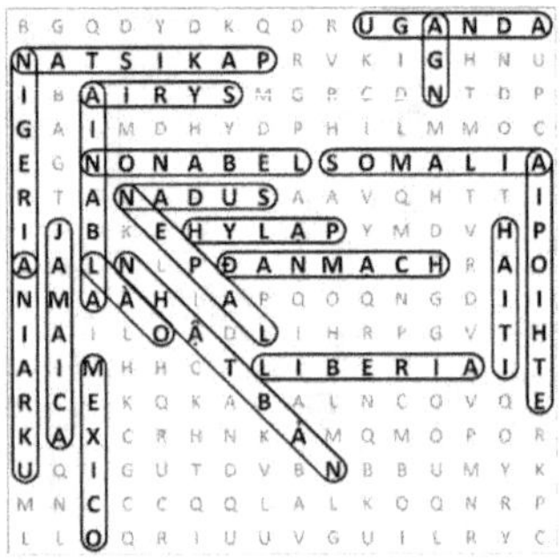

89 - Adjectives #2

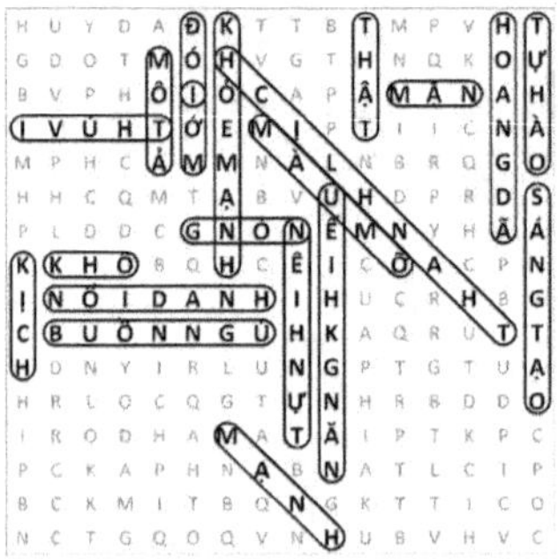

90 - Psychology

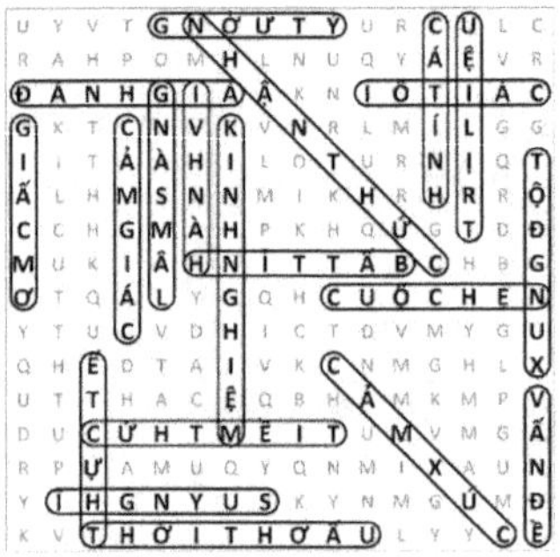

91 - Math

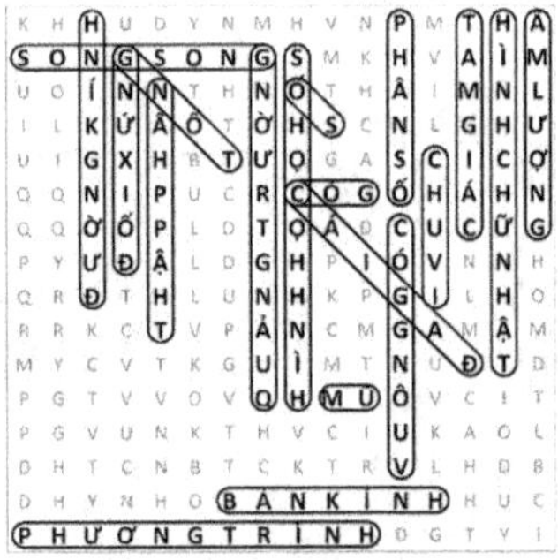

92 - Water

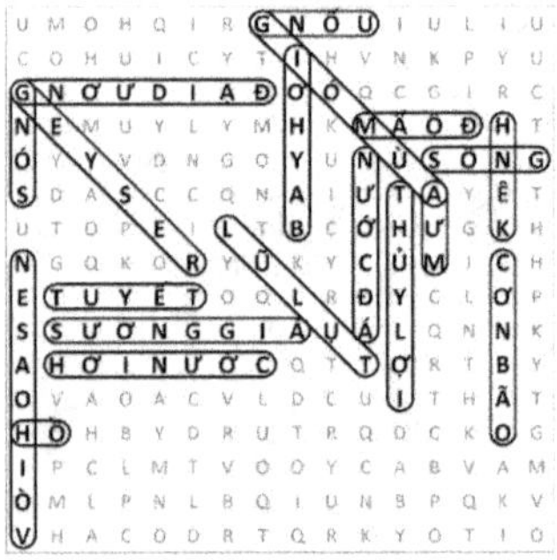

93 - Activities

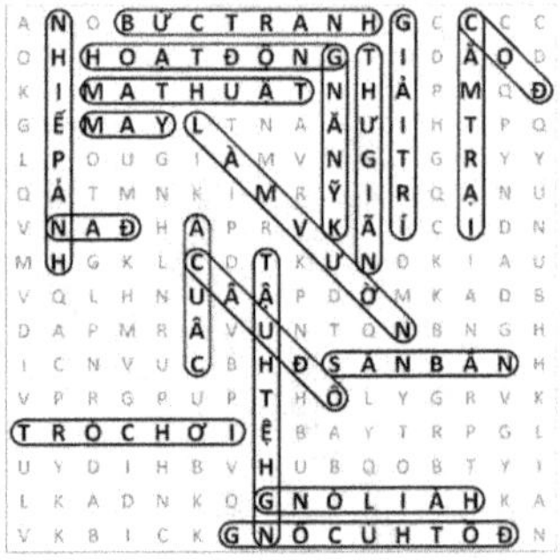

94 - Business

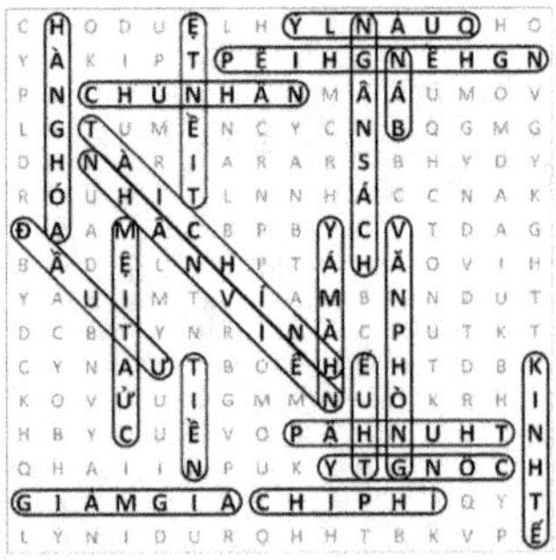

95 - The Company

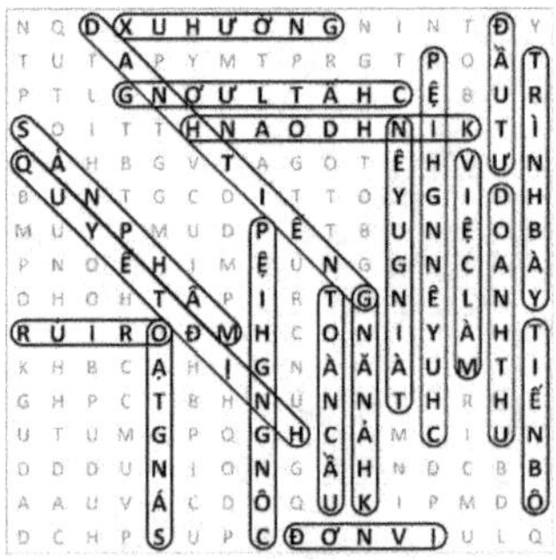

96 - Literature

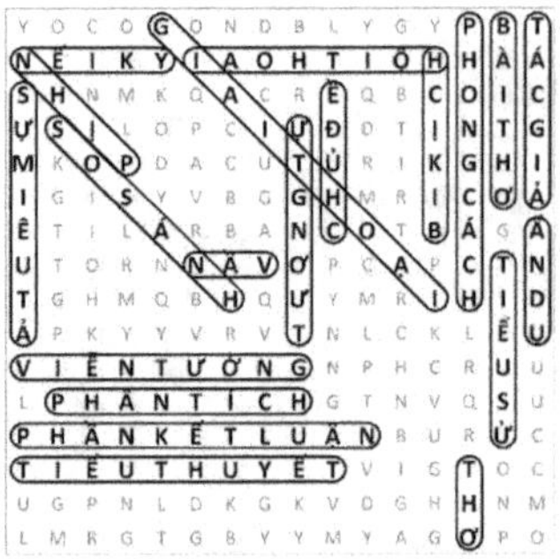

97 - Geography

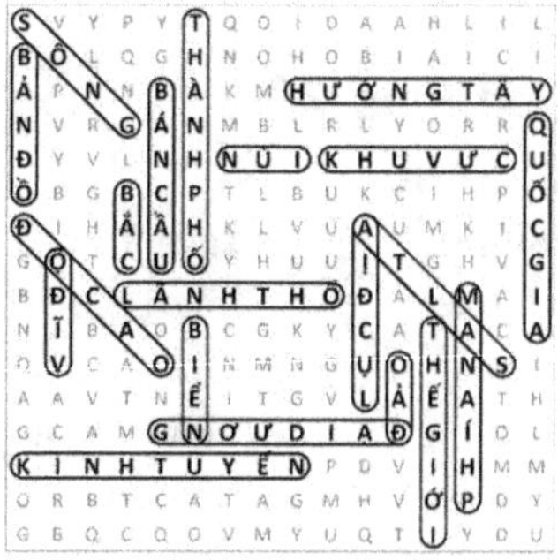

98 - Jazz

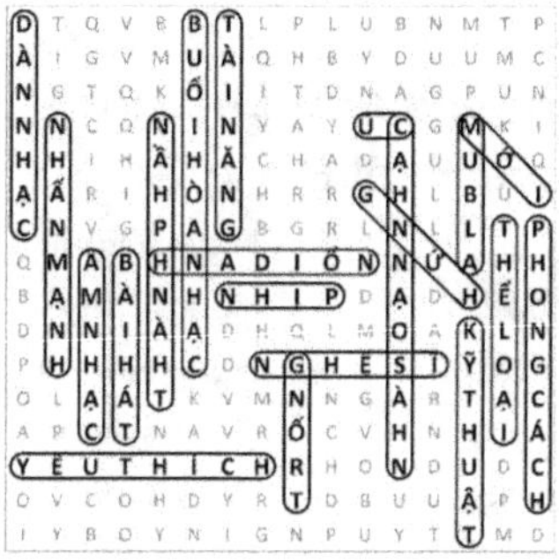

99 - Nature

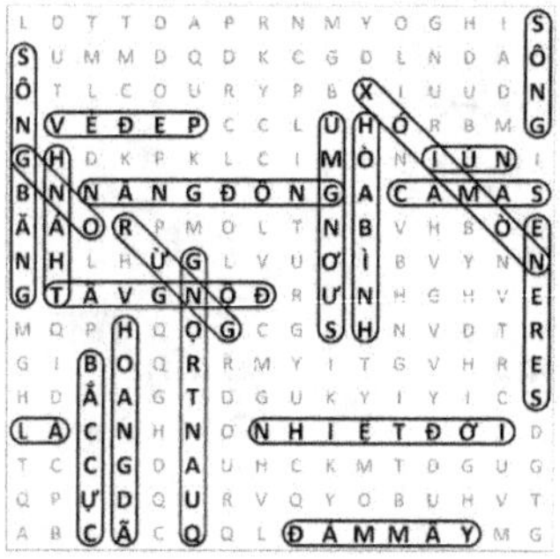

100 - Vacation #2

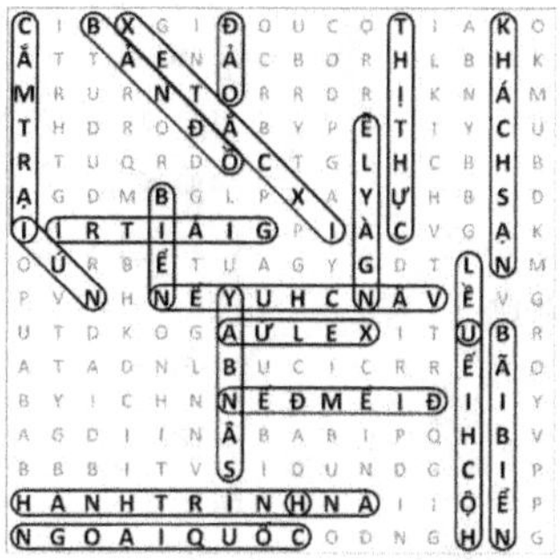

Dictionary

Activities
Các Hoạt Động

Activity	Hoạt Động
Art	Nghệ Thuật
Camping	Cắm Trại
Crafts	Đồ thủ Công
Fishing	Câu Cá
Games	Trò Chơi
Gardening	Làm Vườn
Hunting	Săn Bắn
Knitting	Đan
Leisure	Giải Trí
Magic	Ma Thuật
Painting	Bức Tranh
Photography	Nhiếp Ảnh
Pleasure	Hài Lòng
Puzzles	Câu Đố
Reading	Đọc
Relaxation	Thư Giãn
Sewing	May
Skill	Kỹ Năng

Activities and Leisure
Và các Hoạt Động Giải Trí

Art	Nghệ Thuật
Baseball	Bóng Chày
Basketball	Bóng Rổ
Boxing	Quyền Anh
Camping	Cắm Trại
Diving	Lặn
Fishing	Câu Cá
Gardening	Làm Vườn
Golf	Golf
Hobbies	Sở Thích
Painting	Bức Tranh
Relaxing	Thư Giãn
Shopping	Mua Sắm
Soccer	Bóng Đá
Surfing	Lướt
Swimming	Bơi Lội
Tennis	Quần Vợt
Travel	Du Lịch
Volleyball	Bóng Chuyền

Adjectives #1
Tính từ số 1

Absolute	Tuyệt Đối
Ambitious	Đầy Tham Vọng
Aromatic	Thơm
Artistic	Nghệ Thuật
Attractive	Hấp Dẫn
Beautiful	Đẹp
Dark	Tối
Exotic	Kỳ Lạ
Generous	Rộng Lượng
Happy	Vui Vẻ
Heavy	Nặng
Helpful	Hữu Ích
Honest	Trung Thực
Huge	Khổng Lồ
Important	Quan Trọng
Modern	Hiện Đại
Serious	Nghiêm Trọng
Slow	Chậm
Thin	Mỏng
Valuable	Quý

Adjectives #2
Tính từ số 2

Authentic	Thật
Creative	Sáng Tạo
Descriptive	Mô Tả
Dramatic	Kịch
Dry	Khô
Elegant	Thanh Lịch
Famous	Nổi Danh
Gifted	Năng Khiếu
Healthy	Khỏe Mạnh
Hot	Nóng
Hungry	Đói
Interesting	Thú Vị
Natural	Tự Nhiên
New	Mới
Productive	Màu Mỡ
Proud	Tự Hào
Salty	Mặn
Sleepy	Buồn Ngủ
Strong	Mạnh
Wild	Hoang Dã

Agronomy
Nông Học

Agriculture	Nông Nghiệp
Diseases	Bệnh
Ecology	Sinh Thái
Energy	Năng Lượng
Environment	Môi Trường
Erosion	Xói Mòn
Fertilizer	Phân Bón
Food	Thức Ăn
Growth	Sự Phát Triển
Organic	Hữu Cơ
Plants	Cây
Pollution	Ô Nhiễm
Production	Sản Xuất
Rural	Nông Thôn
Science	Khoa Học
Seeds	Hạt Giống
Study	Học
Systems	Hệ Thống
Vegetables	Rau
Water	Nước

Airplanes
Máy Bay

Altitude	Độ Cao
Atmosphere	Không Khí
Balloon	Bóng
Construction	Xây Dựng
Crew	Phi Hành Đoàn
Descent	Hạ Xuống
Design	Thiết Kế
Direction	Hướng
Engine	Động Cơ
Fuel	Nhiên Liệu
Height	Chiều Cao
History	Lịch Sử
Hydrogen	Hydro
Landing	Đổ Bộ
Launch	Phóng
Passenger	Hành Khách
Pilot	Phi Công
Propellers	Cánh Quạt
Sky	Bầu Trời
Turbulence	Nhiễu Loạn

Algebra
Đại số Học

Diagram	Sơ Đồ
Equation	Phương Trình
Exponent	Mũ
Factor	Tố
False	Sai
Formula	Công Thức
Fraction	Phân Số
Infinite	Vô Hạn
Linear	Tuyến Tính
Matrix	Ma Trận
Number	Số
Parenthesis	Ngoặc
Problem	Vấn Đề
Quantity	Số Lượng
Simplify	Đơn Giản Hóa
Solution	Giải Pháp
Solve	Giải Quyết
Subtraction	Phép Trừ
Variable	Biến
Zero	Số Không

Antarctica
Nam Cực

Bay	Vịnh
Birds	Chim
Clouds	Đám Mây
Conservation	Bảo Tồn
Continent	Lục Địa
Environment	Môi Trường
Geography	Môn địa Lý
Glaciers	Sông Băng
Ice	Băng
Islands	Đảo
Migration	Di Cư
Minerals	Khoáng Sản
Penguins	Chim Cánh Cụt
Peninsula	Bán Đảo
Rocky	Rocky
Scientific	Khoa Học
Temperature	Nhiệt Độ
Topography	Địa Hình
Water	Nước
Whales	Cá Voi

Antiques
Đồ Cổ

Art	Nghệ Thuật
Auction	Đấu Giá
Authentic	Thật
Century	Thế Kỷ
Coins	Đồng Xu
Collector	Thu
Condition	Điều Kiện
Decorative	Trang Trí
Elegant	Thanh Lịch
Furniture	Đồ nội Thất
Gallery	Bộ sưu Tập
Investment	Đầu Tư
Jewelry	Trang Sức
Old	Cũ
Price	Giá
Quality	Chất Lượng
Restoration	Phục Hồi
Sculpture	Điêu Khắc
Style	Phong Cách
Value	Giá Trị

Archeology
Khảo cổ Học

Analysis	Phân Tích
Ancient	Cổ
Bones	Xương
Civilization	Nền văn Minh
Era	Kỷ Nguyên
Evaluation	Đánh Giá
Expert	Chuyên Gia
Forgotten	Quên
Fossil	Hóa Thạch
Fragments	Mảnh
Mystery	Bí Ẩn
Objects	Đối Tượng
Pottery	Đồ Gốm
Professor	Giáo Sư
Relic	Di Tích
Ruins	Tàn Tích
Team	Đội
Temple	Ngôi Đền
Tomb	Mộ
Unknown	Không Rõ

Art Supplies
Đồ Dùng Nghệ Thuật

Acrylic	Acrylic
Brushes	Bàn Chải
Camera	Máy Ảnh
Chair	Ghế
Charcoal	Than
Clay	Đất Sét
Colors	Màu Sắc
Creativity	Sáng Tạo
Easel	Easel
Eraser	Tẩy
Glue	Keo
Ideas	Ý Tưởng
Ink	Mực
Oil	Dầu
Paints	Sơn
Paper	Giấy
Pencils	Bút Chì
Table	Bàn
Water	Nước
Watercolors	Màu Nước

Astronomy
Thiên văn Học

Astronaut	Phi Hành Gia
Celestial	Thiên
Comet	Sao Chổi
Constellation	Chòm Sao
Cosmos	Vũ Trụ
Earth	Trái Đất
Eclipse	Nhật Thực
Equinox	Phân
Galaxy	Thiên Hà
Meteor	Sao Băng
Moon	Mặt Trăng
Nebula	Tinh Vân
Observatory	Đài Quan Sát
Planet	Hành Tinh
Radiation	Bức Xạ
Rocket	Tên Lửa
Satellite	Vệ Tinh
Sky	Bầu Trời
Supernova	Siêu tân Tinh
Zodiac	Zodiac

Barbecues
Ăn Thịt Nướng

Chicken	Gà
Children	Trẻ Em
Dinner	Bữa Tối
Family	Gia Đình
Food	Thức Ăn
Forks	Forks
Friends	Bạn Bè
Fruit	Trái Cây
Games	Trò Chơi
Grill	Nướng
Hot	Nóng
Hunger	Đói
Knives	Dao
Music	Âm Nhạc
Salads	Salads
Salt	Muối
Sauce	Nước Xốt
Summer	Mùa Hè
Tomatoes	Cà Chua
Vegetables	Rau

Beach
Trên bãi Biển,

Blue	Màu Xanh
Boat	Thuyền
Coast	Bờ Biển
Crab	Cua
Dock	Dock
Island	Đảo
Lagoon	Đầm
Ocean	Đại Dương
Reef	Trả Lại
Sailboat	Thuyền Buồm
Sand	Cát
Sandals	Dép
Sea	Biển
Shells	Vỏ
Sun	Mặt Trời
Towel	Khăn
Umbrella	Ô
Vacation	Kỳ Nghỉ

Beauty
Sắc Đẹp

Charm	Quyến Rũ
Color	Màu
Cosmetics	Mỹ Phẩm
Curls	Curls
Elegance	Sang Trọng
Elegant	Thanh Lịch
Fragrance	Hương Thơm
Grace	Ân
Lipstick	Son Môi
Makeup	Trang Điểm
Mascara	Mascara
Mirror	Gương
Oils	Dầu
Photogenic	Ăn Ảnh
Scissors	Kéo
Services	Dịch Vụ
Shampoo	Dầu Gội
Skin	Da
Smooth	Mịn
Stylist	Stylist

Bees
Những con Ong

Beneficial	Có Lợi
Diversity	Đa Dạng
Ecosystem	Hệ Sinh Thái
Flowers	Hoa
Food	Thức Ăn
Fruit	Trái Cây
Garden	Vườn
Hive	Hive
Honey	Mật Ong
Insect	Côn Trùng
Plants	Cây
Pollen	Phấn Hoa
Pollinator	Thụ Phấn
Queen	Nữ Hoàng
Smoke	Khói
Sun	Mặt Trời
Swarm	Họp Lại
Wax	Sáp
Wings	Cánh

Biology
Sinh Học

Anatomy	Giải Phẫu Học
Bacteria	Vi Khuẩn
Cell	Tế Bào
Chromosome	Nhiễm sắc Thể
Collagen	Collagen
Embryo	Phôi
Enzyme	Enzyme
Evolution	Tiến Hóa
Hibernation	Ngủ Đông
Hormone	Hormone
Mutation	Đột Biến
Natural	Tự Nhiên
Nerve	Thần Kinh
Osmosis	Thẩm Thấu
Pathogen	Mầm Bệnh
Photosynthesis	Quang Hợp
Plants	Cây
Protein	Protein
Reptile	Bò Sát
Symbiosis	Cộng Sinh

Birds
Chim

Canary	Canary
Chicken	Gà
Crow	Con Quạ
Cuckoo	Chim Cu
Dove	Yêu
Duck	Vịt
Eagle	Đại Bàng
Egg	Trứng
Flamingo	Flamingo
Goose	Ngỗng
Heron	Diệc
Ostrich	Đà Điểu
Parrot	Con Vẹt
Peacock	Công
Pelican	Bồ Nông
Penguin	Chim Cánh Cụt
Sparrow	Chim Sẻ
Stork	Cò
Swan	Thiên Nga
Toucan	Toucan

Boats
Thuyền

Anchor	Neo
Buoy	Phao
Canoe	Xuồng
Crew	Phi Hành Đoàn
Dock	Dock
Engine	Động Cơ
Ferry	Phà
Kayak	Kayak
Lake	Hồ
Mast	Cột Buồm
Nautical	Hải Lý
Ocean	Đại Dương
Raft	Bè
River	Sông
Rope	Dây Thừng
Sailboat	Thuyền Buồm
Sailor	Thủy Thủ
Sea	Biển
Tide	Thủy Triều
Yacht	Du Thuyền

Books
Sách

Author	Tác Giả
Character	Nhân Vật
Collection	Bộ sưu Tập
Context	Bối Cảnh
Duality	Kéo Dài
Historical	Lịch Sử
Humorous	Hài Hước
Inventive	Sáng Tạo
Literary	Văn Học
Novel	Tiểu Thuyết
Page	Trang
Poem	Bài Thơ
Poetry	Thơ
Reader	Người Đọc
Relevant	Có Liên Quan
Series	Loạt
Story	Câu Chuyện
Tragic	Bi Kịch
Words	Từ
Written	Viết

Boxing
Quyền Anh

Bell	Chuông
Body	Cơ Thể
Chin	Cằm
Corner	Góc
Elbow	Khuỷu Tay
Exhausted	Kiệt Sức
Fighter	Đấu Sĩ
Fist	Nắm Tay
Focus	Tiêu Điểm
Gloves	Găng Tay
Injuries	Chấn Thương
Kick	Đá
Opponent	Đối Thủ
Points	Điểm
Quick	Nhanh
Recovery	Phục Hồi
Referee	Trọng Tài
Ropes	Dây Thừng
Skill	Kỹ Năng
Strength	Sức Mạnh

Buildings
Các tòa Nhà

Apartment	Căn Hộ
Barn	Vựa
Cabin	Cabin
Castle	Lâu Đài
Embassy	Đại sứ Quán
Factory	Nhà Máy
Farm	Nông Trại
Garage	Ga-Ra
Hospital	Bệnh Viện
Hostel	Ký túc Xá
Hotel	Khách Sạn
Museum	Bảo Tàng
Observatory	Đài Quan Sát
School	Trường Học
Stadium	Sân vận Động
Supermarket	Siêu Thị
Tent	Lều
Theater	Rạp Hát
Tower	Tháp
University	Đại Học

Business
Doanh Nghiệp

Budget	Ngân Sách
Career	Nghề Nghiệp
Company	Công Ty
Cost	Chi Phí
Currency	Tiền Tệ
Discount	Giảm Giá
Economics	Kinh Tế
Employee	Nhân Viên
Employer	Chủ Nhân
Factory	Nhà Máy
Finance	Tài Chính
Income	Thu Nhập
Investment	Đầu Tư
Manager	Quản Lý
Merchandise	Hàng Hóa
Money	Tiền
Office	Văn Phòng
Sale	Bán
Shop	Cửa Tiệm
Taxes	Thuế

Camping
Cắm Trại

Animals	Động Vật
Cabin	Cabin
Canoe	Xuồng
Compass	La Bàn
Equipment	Thiết Bị
Fire	Lửa
Forest	Rừng
Fun	Vui Vẻ
Hammock	Võng
Hat	Mũ
Hunting	Săn Bắn
Insect	Côn Trùng
Lake	Hồ
Map	Bản Đồ
Moon	Mặt Trăng
Mountain	Núi
Nature	Thiên Nhiên
Rope	Dây Thừng
Tent	Lều
Trees	Cây

Chemistry
Hóa Học

Acid	Axit
Alkaline	Kiềm
Atomic	Nguyên Tử
Carbon	Carbon
Catalyst	Chất xúc Tác
Chlorine	Clo
Electron	Điện Tử
Enzyme	Enzyme
Gas	Khí
Heat	Nhiệt
Hydrogen	Hydro
Ion	Ion
Liquid	Chất Lỏng
Molecule	Phân Tử
Nuclear	Hạt Nhân
Organic	Hữu Cơ
Oxygen	Ôxy
Salt	Muối
Temperature	Nhiệt Độ
Weight	Cân Nặng

Chess
Cờ Vua

Black	Đen
Champion	Quán Quân
Clever	Thông Minh
Contest	Cuộc Thi
Diagonal	Đường Chéo
Game	Trò Chơi
King	Vua
Opponent	Đối Thủ
Passive	Thụ Động
Player	Người Chơi
Points	Điểm
Queen	Nữ Hoàng
Rules	Quy Tắc
Sacrifice	Hy Sinh
Strategy	Chiến Lược
Time	Thời Gian
Tournament	Giải Đấu
White	Trắng

Chocolate
Sô-Cô-La

Antioxidant	Antioxidant
Aroma	Thơm
Bitter	Đắng
Cacao	Cacao
Calories	Calo
Candy	Kẹo
Caramel	Caramel
Coconut	Dừa
Delicious	Ngon
Exotic	Kỳ Lạ
Favorite	Yêu Thích
Flavor	Hương Vị
Ingredient	Thành Phần
Peanuts	Đậu Phộng
Powder	Bột
Quality	Chất Lượng
Recipe	Công Thức
Sugar	Đường
Sweet	Ngọt
Taste	Vị

Clothes
Quần Áo

Apron	Tạp Dề
Belt	Thắt Lưng
Blouse	Áo Cánh
Bracelet	Vòng Tay
Dress	Ăn
Fashion	Thời Trang
Gloves	Găng Tay
Hat	Mũ
Jacket	Áo Khoác
Jeans	Quần Jean
Jewelry	Trang Sức
Necklace	Vòng Cổ
Pajamas	Pajama
Pants	Quần
Sandals	Dép
Scarf	Khăn Quàng Cổ
Shirt	Áo sơ Mi
Shoe	Giày
Skirt	Váy
Sweater	Áo Len

Coffee
Cà Phê

Aroma	Thơm
Beverage	Đồ Uống
Bitter	Đắng
Black	Đen
Caffeine	Caffeine
Cream	Kem
Cup	Cốc
Filter	Bộ Lọc
Flavor	Hương Vị
Grind	Xay
Liquid	Chất Lỏng
Milk	Sữa
Morning	Buổi Sáng
Origin	Gốc
Price	Giá
Roasted	Rang
Sugar	Đường
To Drink	Uống
Water	Nước

Countries #1
Quốc gia số 1

Brazil	Brazil
Canada	Canada
Egypt	Ai Cập
Finland	Phần Lan
Germany	Đức
Iraq	Iraq
Israel	Israel
Italy	Ý
Latvia	Latvia
Libya	Libya
Morocco	Morocco
Nicaragua	Nicaragua
Norway	Na Uy
Panama	Panama
Poland	Ba Lan
Romania	Romania
Senegal	Senegal
Spain	Tây ban Nha
Venezuela	Venezuela
Vietnam	Việt Nam

Countries #2

Quốc gia # 2

Albania	Albania
Denmark	Đan Mạch
Ethiopia	Ethiopia
Greece	Hy Lạp
Haiti	Haiti
Jamaica	Jamaica
Japan	Nhật Bản
Laos	Lào
Lebanon	Lebanon
Liberia	Liberia
Mexico	Mexico
Nepal	Nepal
Nigeria	Nigeria
Pakistan	Pakistan
Russia	Nga
Somalia	Somalia
Sudan	Sudan
Syria	Syria
Uganda	Uganda
Ukraine	Ukraina

Creativity

Sự Sáng Tạo

Artistic	Nghệ Thuật
Authenticity	Tính xác Thực
Changing	Thay Đổi
Clarity	Rõ Ràng
Dramatic	Kịch
Emotions	Cảm Xúc
Expression	Biểu Hiện
Fluidity	Lỏng
Ideas	Ý Tưởng
Image	Ảnh
Impression	Ấn Tượng
Inspiration	Cảm Hứng
Intensity	Cường Độ
Intuition	Trực Giác
Inventive	Sáng Tạo
Sensation	Cảm Giác
Skill	Kỹ Năng
Spontaneous	Tự Phát
Visions	Tầm Nhìn
Vitality	Sức Sống

Days and Months

Ngày và Tháng

April	Tháng Tư
August	Ngày
Calendar	Lịch
February	Tháng Hai
Friday	Thứ Sáu
January	Tháng Một
July	Tháng Bảy
June	Tháng Sáu
May	Có Thể
Monday	Thứ Hai
Month	Tháng
October	Tháng Mười
Saturday	Thứ Bảy
September	Tháng 9
Sunday	Chủ Nhật
Thursday	Thứ Năm
Tuesday	Thứ Ba
Wednesday	Thứ Tư
Week	Tuần
Year	Năm

Diplomacy

Ngoại Giao

Adviser	Cố Vấn
Ambassador	Đại Sứ
Citizens	Công Dân
Civic	Civic
Community	Cộng Đồng
Conflict	Xung Đột
Cooperation	Hợp Tác
Diplomatic	Ngoại Giao
Discussion	Thảo Luận
Embassy	Đại sứ Quán
Ethics	Đạo Đức
Government	Chính Phủ
Humanitarian	Nhân Đạo
Integrity	Toàn Vẹn
Justice	Sự Công Bằng
Politics	Chính Trị
Resolution	Nghị Quyết
Security	An Ninh
Solution	Giải Pháp
Treaty	Hiệp Ước

Disease

Bệnh

Abdominal	Bụng
Allergies	Dị Ứng
Bacterial	Vi Khuẩn
Body	Cơ Thể
Bones	Xương
Chronic	Mãn Tính
Contagious	Lây Nhiễm
Health	Sức Khỏe
Heart	Tim
Hereditary	Di Truyền
Immunity	Miễn Dịch
Inflammation	Viêm
Lumbar	Thắt Lưng
Pathogens	Mầm Bệnh
Pulmonary	Phổi
Respiratory	Hô Hấp
Sinus	Xoang
Syndrome	Hội Chứng
Therapy	Trị Liệu
Weak	Yếu

Driving

Điều Khiển

Accident	Tai Nạn
Brakes	Phanh
Car	Xe Hơi
Danger	Nguy Hiểm
Driver	Người lái Xe
Fuel	Nhiên Liệu
Garage	Ga-Ra
Gas	Khí
License	Giấy Phép
Map	Bản Đồ
Motor	Động Cơ
Motorcycle	Xe Máy
Pedestrian	Đi Bộ
Police	Cảnh Sát
Road	Đường
Safety	An Toàn
Speed	Tốc Độ
Traffic	Giao Thông
Truck	Xe Tải
Tunnel	Đường Hầm

Emotions
Những cảm Xúc

Anger	Sự Phẫn Nộ
Bliss	Bliss
Boredom	Chán Nản
Calm	Lặng
Content	Nội Dung
Embarrassed	Xấu Hổ
Excited	Bị Kích Thích
Fear	Nỗi Sợ
Grateful	Tri Ân
Joy	Niềm Vui
Kindness	Lòng Tốt
Love	Yêu
Peace	Hòa Bình
Relaxed	Thư Giãn
Sadness	Nỗi Buồn
Satisfied	Hài Lòng
Sympathy	Cảm Thông
Tenderness	Dịu Dàng
Tranquility	Yên Bình

Energy
Năng Lượng

Battery	Pin
Carbon	Carbon
Diesel	Diesel
Electric	Điện
Electron	Điện Tử
Entropy	Entropy
Environment	Môi Trường
Fuel	Nhiên Liệu
Gasoline	Xăng
Heat	Nhiệt
Hydrogen	Hydro
Industry	Công Nghiệp
Motor	Động Cơ
Nuclear	Hạt Nhân
Photon	Photon
Pollution	Ô Nhiễm
Renewable	Tái Tạo
Steam	Hơi Nước
Turbine	Tua-Bin
Wind	Gió

Engineering
Kỹ Thuật

Angle	Góc
Axis	Trục
Calculation	Tính Toán
Construction	Xây Dựng
Depth	Độ Sâu
Diagram	Sơ Đồ
Diameter	Đường Kính
Diesel	Diesel
Distribution	Phân Phối
Energy	Năng Lượng
Gears	Bánh Răng
Levers	Đòn Bẩy
Liquid	Chất Lỏng
Machine	Máy
Measurement	Đo
Motor	Động Cơ
Propulsion	Đẩy
Stability	Ổn Định
Strength	Sức Mạnh
Structure	Kết Cấu

Family
Gia Đình

Ancestor	Tổ Tiên
Aunt	Dì
Brother	Anh Trai
Child	Con
Childhood	Thời thơ Ấu
Children	Trẻ Em
Cousin	Em Họ
Daughter	Con Gái
Grandfather	Ông
Grandmother	Bà
Grandson	Cháu Trai
Husband	Chồng
Mother	Mẹ
Nephew	Cháu
Niece	Cháu Gái
Paternal	Cha
Sister	Em Gái
Uncle	Chú
Wife	Vợ

Farm #1
Trang Trại số 1

Agriculture	Nông Nghiệp
Bee	Con Ong
Bison	Bò Rừng
Calf	Bắp Chân
Cat	Con Mèo
Chicken	Gà
Cow	Bò
Crow	Con Quạ
Dog	Chó
Donkey	Donkey
Fence	Hàng Rào
Fertilizer	Phân Bón
Field	Trường
Goat	Dê
Hay	Cỏ Khô
Honey	Mật Ong
Horse	Ngựa
Rice	Gạo
Seeds	Hạt Giống
Water	Nước

Farm #2
Trang Trại số 2

Animals	Động Vật
Barley	Lúa Mạch
Barn	Vựa
Beehive	Tổ Ong
Corn	Ngô
Duck	Vịt
Farmer	Nông Dân
Food	Thức Ăn
Fruit	Trái Cây
Geese	Ngỗng
Irrigation	Thủy Lợi
Meadow	Đồng Cỏ
Milk	Sữa
Orchard	Thẻ
Ripe	Chín
Sheep	Cừu
Tractor	Máy Kéo
Vegetable	Rau
Wheat	Lúa Mì
Windmill	Cối xay Gió

Fashion
Thời Trang

Affordable	Phải Chăng
Boutique	Cửa Hàng
Buttons	Nút
Clothing	Quần Áo
Comfortable	Thoải Mái
Elegant	Thanh Lịch
Embroidery	Nghề Thêu
Expensive	Đắt
Fabric	Vải
Lace	Ren
Measurements	Đo
Minimalist	Tối Giản
Modern	Hiện Đại
Modest	Khiêm Tốn
Original	Gốc
Pattern	Mẫu
Practical	Thực Tế
Style	Phong Cách
Texture	Kết Cấu
Trend	Xu Hướng

Fishing
Đánh bắt Cá

Bait	Mồi
Basket	Cái Rổ
Beach	Bãi Biển
Boat	Thuyền
Cook	Nấu
Equipment	Thiết Bị
Exaggeration	Phóng Đại
Fins	Vây
Gills	Mang
Hook	Móc
Jaw	Hàm
Lake	Hồ
Ocean	Đại Dương
Patience	Kiên Nhẫn
River	Sông
Season	Mùa
Water	Nước
Weight	Cân Nặng
Wire	Dây

Flowers
Những Bông Hoa

Bouquet	Bó Hoa
Clover	Cỏ ba Lá
Daisy	Daisy
Dandelion	Bồ Công Anh
Gardenia	Gardenia
Hibiscus	Dâm Bụt
Jasmine	Jasmine
Lavender	Hoa oải Hương
Lilac	Tử Đinh Hương
Lily	Hoa loa Kèn
Magnolia	Magnolia
Orchid	Phong Lan
Peony	Hoa mẫu Đơn
Petal	Cánh Hoa
Plumeria	Plumeria
Poppy	Poppy
Rose	Hoa Hồng
Sunflower	Hướng Dương
Tulip	Lời Khuyên

Food #1
Thực Phẩm #1

Apricot	Quả Mơ
Barley	Lúa Mạch
Basil	Húng Quế
Carrot	Cà Rốt
Cinnamon	Quế
Garlic	Tỏi
Juice	Nước Ép
Lemon	Chanh
Milk	Sữa
Onion	Hành
Peanut	Đậu Phụng
Pear	Lê
Salad	Salad
Salt	Muối
Soup	Súp
Spinach	Rau Bina
Strawberry	Dâu Tây
Sugar	Đường
Tuna	Cá Ngừ
Turnip	Củ Cải

Food #2
Thực Phẩm #2

Apple	Táo
Artichoke	Atisô
Banana	Chuối
Broccoli	Bông cải Xanh
Celery	Cần Tây
Cheese	Phô Mai
Cherry	Quả anh Đào
Chicken	Gà
Chocolate	Sô cô La
Egg	Trứng
Eggplant	Cà Tím
Fish	Cá
Grape	Nho
Ham	Giăm Bông
Kiwi	Quả Kiwi
Mushroom	Nấm
Rice	Gạo
Tomato	Cà Chua
Wheat	Lúa Mì
Yogurt	Sữa Chua

Force and Gravity
Lực Lượng và Trọng Lực

Axis	Trục
Center	Trung Tâm
Discovery	Khám Phá
Distance	Khoảng Cách
Dynamic	Năng Động
Expansion	Mở Rộng
Friction	Ma Sát
Magnetism	Từ Tính
Magnitude	Cường Độ
Mechanics	Cơ Khí
Momentum	Đà
Motion	Cử Động
Orbit	Quỹ Đạo
Physics	Vật Lý
Pressure	Sức Ép
Properties	Tính Chất
Speed	Tốc Độ
Time	Thời Gian
Universal	Phổ
Weight	Cân Nặng

Fruit
Trái Cây

Apple	Táo
Apricot	Quả Mơ
Avocado	Trái Bơ
Banana	Chuối
Berry	Quả Mọng
Cherry	Quả anh Đào
Coconut	Dừa
Fig	Hình
Grape	Nho
Guava	Ổi
Kiwi	Quả Kiwi
Lemon	Chanh
Mango	Trái Xoài
Melon	Dưa
Nectarine	Cây Xuân Đào
Papaya	Đu Đủ
Peach	Đào
Pear	Lê
Pineapple	Dứa
Raspberry	Mâm Xôi

Garden
Khu Vườn

Bench	Băng Ghế
Bush	Bụi Cây
Fence	Hàng Rào
Flower	Hoa
Garage	Ga-Ra
Garden	Vườn
Grass	Cỏ
Hammock	Võng
Hose	Vòi
Orchard	Thẻ
Pond	Ao
Porch	Hiên
Rake	Cào
Rocks	Đá
Shovel	Xẻng
Soil	Đất
Terrace	Sân Thượng
Trampoline	Tấm Bạt
Tree	Cây
Weeds	Weeds

Geography
Môn địa Lý

Atlas	Atlas
City	Thành Phố
Continent	Lục Địa
Country	Quốc Gia
Elevation	Độ Cao
Hemisphere	Bán Cầu
Island	Đảo
Latitude	Vĩ Độ
Map	Bản Đồ
Meridian	Kinh Tuyến
Mountain	Núi
North	Bắc
Ocean	Đại Dương
Region	Khu Vực
River	Sông
Sea	Biển
South	Phía Nam
Territory	Lãnh Thổ
West	Hướng Tây
World	Thế Giới

Geology
Địa Chất Học

Acid	Axit
Calcium	Calcium
Cavern	Hang Động
Continent	Lục Địa
Coral	San Hô
Crystals	Tinh Thể
Cycles	Chu Kỳ
Earthquake	Động Đất
Erosion	Xói Mòn
Fossil	Hóa Thạch
Lava	Dung Nham
Layer	Lớp
Minerals	Khoáng Sản
Molten	Nóng Chảy
Plateau	Cao Nguyên
Quartz	Thạch Anh
Salt	Muối
Stalactite	Nhũ Đá
Stone	Đá
Volcano	Núi Lửa

Geometry
Hình Học

Angle	Góc
Calculation	Tính Toán
Circle	Vòng Tròn
Curve	Đường Cong
Diameter	Đường Kính
Dimension	Kích Thước
Equation	Phương Trình
Height	Chiều Cao
Horizontal	Ngang
Logic	Hợp Lý
Mass	Khối Lượng
Median	Trung Bình
Number	Số
Parallel	Song Song
Proportion	Tỷ Lệ
Segment	Khúc
Surface	Bề Mặt
Symmetry	Đối Xứng
Theory	Học Thuyết
Triangle	Tam Giác

Global Warming
Sự Nóng lên Toàn Cầu

Arctic	Bắc Cực
Attention	Chú Ý
Changes	Thay Đổi
Climate	Khí Hậu
Crisis	Khủng Hoảng
Data	Dữ Liệu
Development	Phát Triển
Energy	Năng Lượng
Environmental	Môi Trường
Future	Tương Lai
Gas	Khí
Generations	Các thế Hệ
Government	Chính Phủ
Industry	Công Nghiệp
International	Quốc Tế
Legislation	Pháp Luật
Now	Bây Giờ
Populations	Dân
Scientist	Nhà Khoa Học
Temperatures	Nhiệt Độ

Government
Chính Quyền

Citizenship	Quốc Tịch
Civil	Dân Sự
Constitution	Hiến Pháp
Democracy	Dân Chủ
Discussion	Thảo Luận
District	Quận
Equality	Bình Đẳng
Independence	Độc Lập
Judicial	Tư Pháp
Justice	Sự Công Bằng
Law	Luật
Leader	Lãnh Đạo
Liberty	Tự Do
Monument	Monument
Nation	Quốc Gia
Peaceful	Hòa Bình
Politics	Chính Trị
Speech	Phát Biểu
State	Tiểu Bang
Symbol	Biểu Tượng

Hair Types
Các Loại Tóc

Bald	Hói
Black	Đen
Blond	Tóc Vàng
Braided	Bện
Braids	Braids
Brown	Màu Nâu
Colored	Màu
Curls	Curls
Curly	Xoăn
Dry	Khô
Gray	Màu Xám
Healthy	Khỏe Mạnh
Long	Dài
Shiny	Sáng Bóng
Short	Ngắn
Silver	Bạc
Soft	Mềm
Thick	Dày
Thin	Mỏng
White	Trắng

Health and Wellness #1
Sức Khỏe và sức Khỏe # 1

Active	Hoạt Động
Bacteria	Vi Khuẩn
Bones	Xương
Doctor	Bác Sĩ
Fracture	Gãy Xương
Habit	Thói Quen
Height	Chiều Cao
Hormones	Kích Thích Tố
Hunger	Đói
Injury	Chấn Thương
Medicine	Thuốc
Muscles	Cơ Bắp
Nerves	Dây Thần Kinh
Pharmacy	Tiệm Thuốc
Reflex	Phản Xạ
Relaxation	Thư Giãn
Skin	Da
Therapy	Trị Liệu
Treatment	Điều Trị
Virus	Vi Rút

Health and Wellness #2
Sức Khỏe và sức Khỏe # 2

Allergy	Dị Ứng
Anatomy	Giải Phẫu Học
Appetite	Ngon
Blood	Máu
Calorie	Calo
Dehydration	Mất Nước
Diet	Ăn Kiêng
Disease	Bệnh
Energy	Năng Lượng
Genetics	Di Truyền
Healthy	Khỏe Mạnh
Hospital	Bệnh Viện
Hygiene	Vệ Sinh
Infection	Nhiễm Trùng
Massage	Xoa Bóp
Nutrition	Dinh Dưỡng
Recovery	Phục Hồi
Stress	Căng Thẳng
Vitamin	Vitamin
Weight	Cân Nặng

Herbalism
Chủ Nghĩa Thảo Dược

Aromatic	Thơm
Basil	Húng Quế
Beneficial	Có Lợi
Culinary	Ẩm Thực
Fennel	Thì Là
Flavor	Hương Vị
Flower	Hoa
Garden	Vườn
Garlic	Tỏi
Green	Xanh
Ingredient	Thành Phần
Lavender	Hoa oải Hương
Marjoram	Lá Kinh Giới
Mint	Bạc Hà
Oregano	Oregano
Parsley	Mùi Tây
Plant	Thực Vật
Rosemary	Rosemary
Saffron	Nghệ Tây
Tarragon	Giấm

Hiking
Đi bộ Đường Dài

Animals	Động Vật
Boots	Giày Ống
Camping	Cắm Trại
Cliff	Vách Đá
Climate	Khí Hậu
Guides	Hướng Dẫn
Hazards	Mối Nguy Hiểm
Heavy	Nặng
Map	Bản Đồ
Mosquitoes	Muỗi
Mountain	Núi
Nature	Thiên Nhiên
Orientation	Sự Định Hướng
Parks	Công Viên
Preparation	Chuẩn Bị
Stones	Đá
Sun	Mặt Trời
Tired	Mệt
Water	Nước
Wild	Hoang Dã

House
Nhà Ở

Attic	Gác Xép
Broom	Chổi
Curtains	Rèm Cửa
Door	Cửa
Fence	Hàng Rào
Fireplace	Lò Sưởi
Floor	Sàn Nhà
Furniture	Đồ nội Thất
Garage	Ga-Ra
Garden	Vườn
Keys	Chìa Khóa
Kitchen	Nhà Bếp
Lamp	Đèn
Library	Thư Viện
Mirror	Gương
Roof	Mái Nhà
Room	Phòng
Shower	Vòi hoa Sen
Wall	Tường
Window	Cửa Sổ

Human Body
Cơ thể con Người

Ankle	Mắt Cá
Blood	Máu
Bones	Xương
Brain	Óc
Chin	Cằm
Ear	Tai
Elbow	Khuỷu Tay
Face	Đối Mặt
Finger	Ngón Tay
Hand	Tay
Head	Đầu
Heart	Tim
Jaw	Hàm
Knee	Đầu Gối
Leg	Chân
Mouth	Miệng
Neck	Cổ
Nose	Mũi
Shoulder	Vai
Skin	Da

Insects
Côn Trùng

Ant	Kiến
Aphid	Rệp
Bee	Con Ong
Beetle	Bọ Cánh Cứng
Butterfly	Bướm
Cicada	Con ve Sầu
Cockroach	Gián
Flea	Bọ Chét
Grasshopper	Châu Chấu
Hornet	Hornet
Ladybug	Ladybug
Larva	Ấu Trùng
Locust	Cào Cào
Mantis	Bọ Ngựa
Mosquito	Muỗi
Moth	Bướm Đêm
Termite	Mối
Wasp	Ong
Worm	Sâu

Jazz
Nhạc Jazz

Album	Album
Artist	Nghệ Sĩ
Composer	Nhà Soạn Nhạc
Composition	Thành Phần
Concert	Buổi hòa Nhạc
Drums	Trống
Emphasis	Nhấn Mạnh
Famous	Nổi Danh
Favorites	Yêu Thích
Genre	Thể Loại
Improvisation	Hứng
Music	Âm Nhạc
New	Mới
Old	Cũ
Orchestra	Dàn Nhạc
Rhythm	Nhịp
Song	Bài Hát
Style	Phong Cách
Talent	Tài Năng
Technique	Kỹ Thuật

Landscapes
Phong Cảnh

Beach	Bãi Biển
Cave	Hang
Cliff	Vách Đá
Desert	Sa Mạc
Estuary	Cửa Sông
Glacier	Sông Băng
Hill	Đồi
Island	Đảo
Lake	Hồ
Mountain	Núi
Oasis	Ốc Đảo
Ocean	Đại Dương
Peninsula	Bán Đảo
River	Sông
Sea	Biển
Swamp	Đầm Lầy
Tundra	Lãnh Nguyên
Valley	Thung Lũng
Volcano	Núi Lửa
Waterfall	Thác Nước

Literature
Văn Học

Analogy	Tương Tự
Analysis	Phân Tích
Anecdote	Giai Thoại
Author	Tác Giả
Biography	Tiểu Sử
Comparison	So Sánh
Conclusion	Phần kết Luận
Description	Sự Miêu Tả
Dialogue	Hội Thoại
Fiction	Viễn Tưởng
Metaphor	Ẩn Dụ
Novel	Tiểu Thuyết
Opinion	Ý Kiến
Poem	Bài Thơ
Poetic	Thơ
Rhyme	Vần
Rhythm	Nhịp
Style	Phong Cách
Theme	Chủ Đề
Tragedy	Bi Kịch

Mammals
Động vật có Vú

Bear	Gấu
Beaver	Hải Ly
Bull	Bò Đực
Cat	Con Mèo
Coyote	Coyote
Dog	Chó
Dolphin	Cá Heo
Elephant	Con Voi
Fox	Cáo
Giraffe	Hươu cao Cổ
Gorilla	Khỉ Đột
Horse	Ngựa
Kangaroo	Kangaroo
Lion	Sư Tử
Monkey	Khỉ
Rabbit	Thỏ
Sheep	Cừu
Whale	Cá Voi
Wolf	Chó Sói
Zebra	Ngựa Vằn

Math
Toán Học

Angles	Góc
Arithmetic	Số Học
Decimal	Thập Phân
Diameter	Đường Kính
Equation	Phương Trình
Exponent	Mũ
Fraction	Phân Số
Geometry	Hình Học
Numbers	Số
Parallel	Song Song
Perimeter	Chu Vi
Perpendicular	Vuông Góc
Polygon	Đa Giác
Radius	Bán Kính
Rectangle	Hình chữ Nhật
Square	Quảng Trường
Sum	Tổng
Symmetry	Đối Xứng
Triangle	Tam Giác
Volume	Âm Lượng

Measurements
Các Phép Đo

Byte	Byte
Centimeter	Centimet
Decimal	Thập Phân
Degree	Trình Độ
Depth	Độ Sâu
Gram	Gram
Height	Chiều Cao
Inch	Inch
Kilogram	Kilôgam
Kilometer	Kilômét
Length	Chiều Dài
Liter	Lít
Mass	Khối Lượng
Meter	Mét
Minute	Phút
Ounce	Ounce
Ton	Tấn
Volume	Âm Lượng
Weight	Cân Nặng
Width	Chiều Rộng

Meditation
Thiền

Acceptance	Chấp Nhận
Attention	Chú Ý
Breathing	Thở
Calm	Lặng
Clarity	Rõ Ràng
Compassion	Thương Hại
Emotions	Cảm Xúc
Gratitude	Lòng Biết Ơn
Habits	Thói Quen
Happiness	Hạnh Phúc
Kindness	Lòng Tốt
Mental	Tâm Thần
Mind	Lí Trí
Movement	Phong Trào
Music	Âm Nhạc
Nature	Thiên Nhiên
Peace	Hòa Bình
Perspective	Quan Điểm
Silence	Im Lặng
Thoughts	Suy Nghĩ

Music
Âm Nhạc

Album	Album
Ballad	Ballad
Chorus	Điệp Khúc
Classical	Cổ Điển
Harmony	Hòa Hợp
Instrument	Dụng Cụ
Lyrical	Trữ Tình
Melody	Giai Điệu
Microphone	Microphone
Musical	Âm Nhạc
Musician	Nhạc Sĩ
Opera	Opera
Poetic	Thơ
Recording	Ghi Âm
Rhythm	Nhịp
Rhythmic	Nhịp Nhàng
Sing	Hát
Singer	Ca Sĩ
Tempo	Tiến Độ
Vocal	Giọng Hát

Musical Instruments
Nhạc Cụ

Banjo	Bass
Bassoon	Dàn Nhạc
Cello	Cello
Chimes	Chuông
Clarinet	Clarinet
Drum	Trống
Drumsticks	Đùi
Flute	Sáo
Gong	Chiêng
Guitar	Đàn ghi Ta
Harp	Đàn Hạc
Mandolin	Mandolin
Marimba	Marimba
Percussion	Gõ
Piano	Dương Cầm
Saxophone	Saxophone
Tambourine	Lục Lạc
Trombone	Trombone
Trumpet	Kèn
Violin	Đàn vi ô Lông

Mythology
Thần Thoại

Archetype	Nguyên Mẫu
Behavior	Hành Vi
Beliefs	Niềm Tin
Creation	Sáng Tạo
Creature	Sinh Vật
Culture	Văn Hoá
Deities	Các vị Thần
Disaster	Thảm Họa
Heaven	Thiên Đường
Hero	Anh Hùng
Immortality	Sự bất Tử
Jealousy	Ghen
Labyrinth	Mê Cung
Legend	Truyền Thuyết
Lightning	Sét
Monster	Quái Vật
Mortal	Có Chết
Revenge	Trả Thù
Thunder	Sấm
Warrior	Chiến Binh

Nature
Thiên Nhiên

Animals	Động Vật
Arctic	Bắc Cực
Beauty	Vẻ Đẹp
Bees	Ong
Clouds	Đám Mây
Desert	Sa Mạc
Dynamic	Năng Động
Erosion	Xói Mòn
Fog	Sương Mù
Foliage	Lá
Forest	Rừng
Glacier	Sông Băng
Mountains	Núi
Peaceful	Hòa Bình
River	Sông
Sanctuary	Thánh
Serene	Serene
Tropical	Nhiệt Đới
Vital	Quan Trọng
Wild	Hoang Dã

Numbers
Con Số

Decimal	Thập Phân
Eight	Tám
Eighteen	Mười Tám
Fifteen	Mười Lăm
Five	Năm
Four	Bốn
Fourteen	Mười Bốn
Nine	Chín
Nineteen	Mười Chín
One	Một
Seven	Bảy
Seventeen	Mười Bảy
Six	Sáu
Sixteen	Mười Sáu
Ten	Mười
Thirteen	Mười Ba
Three	Ba
Twelve	Mười Hai
Twenty	Hai Mươi
Two	Hai

Nutrition
Dinh Dưỡng

Appetite	Ngon
Balanced	Cân Bằng
Bitter	Đắng
Calories	Calo
Carbohydrates	Carbohydrate
Diet	Ăn Kiêng
Digestion	Tiêu Hóa
Edible	Ăn Được
Fermentation	Lên Men
Flavor	Hương Vị
Habits	Thói Quen
Health	Sức Khỏe
Healthy	Khỏe Mạnh
Liquids	Chất Lỏng
Proteins	Protein
Quality	Chất Lượng
Sauce	Nước Xốt
Toxin	Độc Tố
Vitamin	Vitamin
Weight	Cân Nặng

Ocean
Đại Dương

Algae	Tảo
Coral	San Hô
Crab	Cua
Dolphin	Cá Heo
Eel	Lươn
Fish	Cá
Jellyfish	Sứa
Octopus	Bạch Tuộc
Oyster	Hàu
Reef	Trả Lại
Salt	Muối
Seaweed	Rong Biển
Shark	Cá Mập
Shrimp	Tôm
Sponge	Bọt Biển
Storm	Bão Táp
Tides	Thủy Triều
Tuna	Cá Ngừ
Turtle	Rùa
Whale	Cá Voi

Philanthropy
Hoạt Động từ Thiện

Charity	Từ Thiện
Children	Trẻ Em
Community	Cộng Đồng
Contacts	Liên Lạc
Donate	Tặng
Finance	Tài Chính
Funds	Quỹ
Generosity	Thế Hệ
Global	Toàn Cầu
Goals	Mục Tiêu
Groups	Nhóm
History	Lịch Sử
Honesty	Trung Thực
Humanity	Nhân Loại
Mission	Nhiệm Vụ
Need	Cần
People	Người
Programs	Chương Trình
Public	Công Cộng
Youth	Thanh Niên

Physics
Vật Lý

Acceleration	Gia Tốc
Atom	Nguyên Tử
Chaos	Hỗn Loạn
Chemical	Hóa Chất
Density	Mật Độ
Electron	Điện Tử
Engine	Động Cơ
Expansion	Mở Rộng
Formula	Công Thức
Frequency	Tần Số
Gas	Khí
Magnetism	Từ Tính
Mass	Khối Lượng
Mechanics	Cơ Khí
Molecule	Phân Tử
Nuclear	Hạt Nhân
Particle	Hạt
Speed	Tốc Độ
Universal	Phổ
Velocity	Vận Tốc

Plants
Cây

Bamboo	Tre
Bean	Hạt Đậu
Berry	Quả Mọng
Botany	Thực vật Học
Bush	Bụi Cây
Cactus	Xương Rồng
Fertilizer	Phân Bón
Flora	Flora
Flower	Hoa
Foliage	Lá
Forest	Rừng
Garden	Vườn
Grass	Cỏ
Ivy	Ivy
Moss	Rêu
Petal	Cánh Hoa
Root	Nguồn Gốc
Stem	Gốc
Tree	Cây
Vegetation	Thực Vật

Professions #1
Nghề Nghiệp số 1

Ambassador	Đại Sứ
Athlete	Lực Sĩ
Attorney	Luật Sư
Banker	Ngân Hàng
Dancer	Vũ Công
Doctor	Bác Sĩ
Editor	Biên tập Viên
Firefighter	Lính cứu Hỏa
Geologist	Nhà địa Chất
Hunter	Thợ Săn
Jeweler	Jeweler
Musician	Nhạc Sĩ
Nurse	Y Tá
Pharmacist	Dược Sĩ
Pianist	Nghệ sĩ Piano
Plumber	Plumber
Sailor	Thủy Thủ
Scientist	Nhà Khoa Học
Tailor	Thợ May
Veterinarian	Bác sĩ thú Y

Professions #2
Nghề Nghiệp số 2

Astronaut	Phi Hành Gia
Chemist	Nhà hóa Học
Dentist	Nha Sĩ
Detective	Thám Tử
Engineer	Kỹ Sư
Farmer	Nông Dân
Illustrator	Hoạ
Journalist	Nhà Báo
Librarian	Thủ Thư
Linguist	Nhà Ngôn Ngữ
Painter	Họa Sĩ
Philosopher	Triết Gia
Photographer	Nhiếp ảnh Gia
Physician	Bác Sĩ
Pilot	Phi Công
Politician	Chính trị Gia
Professor	Giáo Sư
Publisher	Nhà Xuất Bản
Teacher	Giáo Viên

Psychology
Tâm lý Học

Appointment	Cuộc Hẹn
Assessment	Đánh Giá
Behavior	Hành Vi
Childhood	Thời thơ Ấu
Clinical	Lâm Sàng
Cognition	Nhận Thức
Conflict	Xung Đột
Dreams	Giấc Mơ
Ego	Cái Tôi
Emotions	Cảm Xúc
Experiences	Kinh Nghiệm
Ideas	Ý Tưởng
Personality	Cá Tính
Problem	Vấn Đề
Reality	Thực Tế
Sensation	Cảm Giác
Subconscious	Tiềm Thức
Therapy	Trị Liệu
Thoughts	Suy Nghĩ
Unconscious	Bất Tỉnh

Restaurant #2
Nhà Hàng số 2

Beverage	Đồ Uống
Cake	Bánh
Chair	Ghế
Delicious	Ngon
Dinner	Bữa Tối
Eggs	Trứng
Fish	Cá
Fork	Cái Nĩa
Fruit	Trái Cây
Ice	Băng
Lunch	Bữa Trưa
Noodles	Mì
Salad	Salad
Salt	Muối
Soup	Súp
Spices	Gia Vị
Spoon	Cái Thìa
Vegetables	Rau
Waiter	Phục vụ Nam
Water	Nước

Science
Khoa Học

Atom	Nguyên Tử
Chemical	Hóa Chất
Climate	Khí Hậu
Data	Dữ Liệu
Evolution	Tiến Hóa
Experiment	Thí Nghiệm
Fact	Thực Tế
Fossil	Hóa Thạch
Gravity	Trọng Lực
Hypothesis	Giả Thuyết
Method	Phương Pháp
Minerals	Khoáng Sản
Molecules	Phân Tử
Nature	Thiên Nhiên
Observation	Quan Sát
Particles	Hạt
Physics	Vật Lý
Plants	Cây
Scientist	Nhà Khoa Học

Science Fiction
Khoa học Viễn Tưởng

Atomic	Nguyên Tử
Books	Sách
Chemicals	Hóa Chất
Clones	Nhái
Distant	Xa Xôi
Dystopia	Dystopia
Explosion	Nổ
Extreme	Cực
Fantastic	Tuyệt Vời
Fire	Lửa
Futuristic	Tương Lai
Galaxy	Thiên Hà
Illusion	Ảo Giác
Imaginary	Tưởng Tượng
Mysterious	Bí Ẩn
Oracle	Oracle
Planet	Hành Tinh
Technology	Công Nghệ
Utopia	Utopia
World	Thế Giới

Scientific Disciplines
Các Ngành Khoa Học

Anatomy	Giải Phẫu Học
Archaeology	Khảo cổ Học
Astronomy	Thiên văn Học
Biochemistry	Hóa Sinh
Biology	Sinh Học
Botany	Thực vật Học
Chemistry	Hóa Học
Ecology	Sinh Thái
Geology	Địa Chất Học
Immunology	Miễn Dịch
Kinesiology	Kinesiology
Linguistics	Ngôn Ngữ
Mechanics	Cơ Khí
Meteorology	Khí Tượng Học
Mineralogy	Khoáng
Neurology	Thần Kinh
Physiology	Sinh lý Học
Psychology	Tâm Lý
Sociology	Xã hội Học
Zoology	Động vật Học

Shapes
Hình Dạng

Arc	Cung
Circle	Vòng Tròn
Cone	Nón
Corner	Góc
Curve	Đường Cong
Cylinder	Hình Trụ
Edges	Cạnh
Ellipse	Ellipse
Hyperbola	Hyperbola
Line	Hàng
Polygon	Đa Giác
Prism	Lăng
Pyramid	Kim tự Tháp
Rectangle	Hình chữ Nhật
Round	Vòng
Side	Bên
Sphere	Cầu
Square	Quảng Trường
Triangle	Tam Giác

Spices
Gia Vị

Anise	Cây Hồi
Bitter	Đắng
Cardamom	Thảo Quả
Cinnamon	Quế
Clove	Đinh Hương
Coriander	Rau Mùi
Cumin	Cây thì Là
Curry	Cà Ri
Fennel	Thì Là
Fenugreek	Cỏ cà Ri
Flavor	Hương Vị
Garlic	Tỏi
Ginger	Gừng
Nutmeg	Nhục đậu Khấu
Onion	Hành
Paprika	Ớt cựa Gà
Saffron	Nghệ Tây
Salt	Muối
Sweet	Ngọt
Vanilla	Vani

Technology
Công Nghệ

Blog	Blog
Browser	Trình Duyệt
Bytes	Nội
Camera	Máy Ảnh
Computer	Máy Tính
Cursor	Con Trỏ
Data	Dữ Liệu
Digital	Kỹ Thuật Số
Display	Trưng Bày
File	Tập Tin
Font	Chữ
Internet	Internet
Message	Thông Điệp
Research	Nghiên Cứu
Screen	Màn
Security	An Ninh
Software	Phần Mềm
Statistics	Thống Kê
Virtual	Ảo
Virus	Vi Rút

The Company
Các Công Ty

Business	Kinh Doanh
Creative	Sáng Tạo
Decision	Quyết Định
Employment	Việc Làm
Global	Toàn Cầu
Industry	Công Nghiệp
Investment	Đầu Tư
Possibility	Khả Năng
Presentation	Trình Bày
Product	Sản Phẩm
Professional	Chuyên Nghiệp
Progress	Tiến Bộ
Quality	Chất Lượng
Reputation	Danh Tiếng
Resources	Tài Nguyên
Revenue	Doanh Thu
Risks	Rủi Ro
Trends	Xu Hướng
Units	Đơn Vị
Wages	Tiền Lương

The Media
Các Phương Tiện Truyền T

Advertisements	Quảng Cáo
Attitudes	Thái Độ
Commercial	Thương Mại
Communication	Liên Lạc
Digital	Kỹ Thuật Số
Edition	Phiên Bản
Education	Giáo Dục
Facts	Sự Thật
Funding	Kinh Phí
Images	Hình Ảnh
Individual	Cá Nhân
Industry	Công Nghiệp
Intellectual	Trí Tuệ
Local	Địa Phương
Network	Mạng
Newspapers	Báo
Online	Trực Tuyến
Opinion	Ý Kiến
Public	Công Cộng
Radio	Đài

Time
Thời Gian

Annual	Hàng Năm
Before	Trước
Calendar	Lịch
Century	Thế Kỷ
Clock	Đồng Hồ
Day	Ngày
Decade	Thập Kỷ
Future	Tương Lai
Hour	Giờ
Minute	Phút
Month	Tháng
Morning	Buổi Sáng
Night	Đêm
Noon	Buổi Trưa
Now	Bây Giờ
Soon	Sớm
Today	Hôm Nay
Week	Tuần
Year	Năm
Yesterday	Hôm Qua

Vacation #2
Kỳ Nghỉ số 2

Airport	Sân Bay
Beach	Bãi Biển
Camping	Cắm Trại
Destination	Điểm Đến
Foreign	Ngoại Quốc
Holiday	Ngày Lễ
Hotel	Khách Sạn
Island	Đảo
Journey	Hành Trình
Leisure	Giải Trí
Map	Bản Đồ
Mountains	Núi
Passport	Hộ Chiếu
Photos	Ảnh
Sea	Biển
Taxi	Xe tắc Xi
Tent	Lều
Train	Xe Lửa
Transportation	Vận Chuyển
Visa	Thị Thực

Vegetables
Rau Củ

Artichoke	Atisô
Broccoli	Bông cải Xanh
Carrot	Cà Rốt
Cauliflower	Súp Lơ
Celery	Cần Tây
Cucumber	Dưa Chuột
Eggplant	Cà Tím
Garlic	Tỏi
Ginger	Gừng
Mushroom	Nấm
Olive	Ô Liu
Onion	Hành
Parsley	Mùi Tây
Pea	Đậu
Pumpkin	Quả bí Ngô
Salad	Salad
Shallot	Củ Hẹ
Spinach	Rau Bina
Tomato	Cà Chua
Turnip	Củ Cải

Vehicles
Xe Cộ

Airplane	Máy Bay
Ambulance	Xe cứu Thương
Bicycle	Xe Đạp
Boat	Thuyền
Bus	Xe Buýt
Car	Xe Hơi
Caravan	Caravan
Ferry	Phà
Motor	Động Cơ
Raft	Bè
Rocket	Tên Lửa
Scooter	Xe tay Ga
Submarine	Tàu Ngầm
Subway	Xe Điện Ngầm
Taxi	Xe tắc Xi
Tires	Lốp
Tractor	Máy Kéo
Train	Xe Lửa
Truck	Xe Tải
Van	Van

Virtues #1
Đức Hạnh số 1

Artistic	Nghệ Thuật
Charming	Quyến Rũ
Clean	Dọn Dẹp
Curious	Tò Mò
Decisive	Quyết Định
Efficient	Hiệu Quả
Funny	Buồn Cười
Generous	Rộng Lượng
Good	Tốt
Helpful	Hữu Ích
Imaginative	Tưởng Tượng
Independent	Độc Lập
Intelligent	Thông Minh
Modest	Khiêm Tốn
Passionate	Đam Mê
Patient	Kiên Nhẫn
Practical	Thực Tế
Reliable	Đáng tin Cậy
Wise	Khôn Ngoan

Visual Arts
Nghệ Thuật thị Giác

Architecture	Kiến Trúc
Artist	Nghệ Sĩ
Chalk	Phấn
Clay	Đất Sét
Composition	Thành Phần
Creativity	Sáng Tạo
Easel	Vẽ
Film	Phim Ảnh
Masterpiece	Kiệt Tác
Painting	Bức Tranh
Pen	Cái Bút
Pencil	Bút Chì
Perspective	Quan Điểm
Photograph	Ảnh Chụp
Portrait	Chân Dung
Pottery	Đồ Gốm
Sculpture	Điêu Khắc
Stencil	Giấy Nến
Wax	Sáp

Water
Nước

Canal	Kênh
Drinkable	Uống
Evaporation	Bay Hơi
Flood	Lũ Lụt
Frost	Sương Giá
Geyser	Geyser
Hurricane	Cơn Bão
Ice	Nước Đá
Irrigation	Thủy Lợi
Lake	Hồ
Moisture	Độ Ẩm
Monsoon	Gió Mùa
Ocean	Đại Dương
Rain	Mưa
River	Sông
Shower	Vòi hoa Sen
Snow	Tuyết
Steam	Hơi Nước
Waves	Sóng

Weather
Thời Tiết

Atmosphere	Không Khí
Climate	Khí Hậu
Cloud	Đám Mây
Drought	Hạn Hán
Dry	Khô
Flood	Lũ Lụt
Fog	Sương Mù
Hurricane	Cơn Bão
Ice	Nước Đá
Lightning	Sét
Monsoon	Gió Mùa
Polar	Cực
Rainbow	Cầu Vồng
Sky	Bầu Trời
Storm	Bão Táp
Temperature	Nhiệt Độ
Thunder	Sấm Sét
Tornado	Lốc Xoáy
Tropical	Nhiệt Đới
Wind	Gió

Congratulations

You made it!

We hope you enjoyed this book as much as we enjoyed making it. We do our best to make high quality games.
These puzzles are designed in a clever way for you to learn actively while having fun!

Did you love them?

A Simple Request

Our books exist thanks your reviews. Could you help us by leaving one now?

Here is a short link which will take you to your order review page:

BestBooksActivity.com/Review50

MONSTER CHALLENGE!

Challenge #1

Ready for Your Bonus Game? We use them all the time but they are not so easy to find. Here are **Synonyms**!

Note 5 words you discovered in each of the Puzzles noted below (#21, #36, #76) and try to find 2 synonyms for each word.

*Note 5 Words from **Puzzle 21***

Words	Synonym 1	Synonym 2

*Note 5 Words from **Puzzle 36***

Words	Synonym 1	Synonym 2

*Note 5 Words from **Puzzle 76***

Words	Synonym 1	Synonym 2

Challenge #2

Now that you are warmed-up, note 5 words you discovered in each Puzzle noted below (#9, #17, #25) and try to find 2 antonyms for each word. How many lines can you do in 20 minutes?

Note 5 Words from ***Puzzle 9***

Words	Antonym 1	Antonym 2

Note 5 Words from ***Puzzle 17***

Words	Antonym 1	Antonym 2

Note 5 Words from ***Puzzle 25***

Words	Antonym 1	Antonym 2

Challenge #3

Wonderful, this monster  challenge is nothing to you!

Ready for the last one? Choose your 10 favorite words discovered in any of the Puzzles and note them below.

1.	6.
2.	7.
3.	8.
4.	9.
5.	10.

Now, using these words and within a maximum of six sentences, your challenge is to compose a text about a person, animal or place that you love!

Tip: You can use the last blank page of this book as a draft!

Your Writing:

NOTEBOOK:

SEE YOU SOON!

Linguas Classics Team

www.ingramcontent.com/pod-product-compliance
Lightning Source LLC
LaVergne TN
LVHW060321080526
838202LV00053B/4386